Rüdiger Nehberg
Sir Vival blickt zurück

Zum Buch

Rüdiger Nehbergs gewagte Aktionen als Überlebens-Tarzan haben ihm den Titel »Sir Vival« eingebracht; sein humanitärer Einsatz wurde mit zahlreichen Ehrungen bedacht und verschafft ihm auch in der islamischen Welt Geltung. In seinem neuen Buch, in dem er seine wichtigsten Stationen Revue passieren lässt, äußert Rüdiger Nehberg sich selbstkritisch und unverblümt darüber, wie ausgerechnet er, das Energiebündel, mit dem Altwerden klarkommt. Er schreibt über Partnerschaft und Egoismus, über Knieprobleme, Zuversicht und darüber, wie er zwischen seinen noch immer spektakulären Reisen auftankt. Wie er Heimat erlebt. Was für ihn die größte Gerechtigkeit ist, was ihn ärgert, wie man mentale Zähigkeit trainiert. Welche Ziele noch vor ihm liegen. Und wie das Zeitgefühl sich mit den Jahren ändert.

Rüdiger Nehberg, 1935 geboren, Deutschlands bekanntester Menschenrechtsaktivist und Überlebenskünstler, wurde für sein Engagement vielfach ausgezeichnet. Mit seiner Frau Annette Nehberg-Weber kämpft er in der Organisation TARGET heute gegen Weibliche Genitalverstümmelung und setzt dabei erfolgreich auf den Dialog mit dem Islam. Seine Bücher, zuletzt »Voll peinlich« und »Karawane der Hoffnung«, liegen bei Malik und Piper vor.
www.nehberg.de
www.target-nehberg.de

Rüdiger Nehberg

Sir Vival blickt zurück

Resümee eines extremen Lebens

MALIK

Mehr über unsere Autoren und Bücher:
www.malik.de

ISBN 978-3-89029-374-5
© Piper Verlag GmbH, München 2010
Satz: Fotosatz Amann, Aichstetten
Druck und Bindung: CPI – Ebner & Spiegel, Ulm
Printed in Germany

Wenn eine Idee am Anfang nicht absurd klingt,
dann gibt es keine Hoffnung für sie.
Albert Einstein

Inhaltsverzeichnis

- 9 Rückblick
- 17 Spiel mir das Lied vom Tod
- 23 Beim nächsten Mal wird alles anders!
- 26 Besserwisser und Ratgeber
- 31 Grenzerfahrungen
- 41 Gefahr erkannt, Gefahr gebannt
- 45 Partnerschaften und Flops
- 60 Selbstbildnis
- 77 Heimat
- 85 Ehrungen
- 91 Ekel und Angst
- 97 Nehberg als Politiker
- 104 Frauen
- 117 Gründung von TARGET
- 122 Alltag
- 127 TARGETs Projekte
- 133 Vision Das Goldene Buch

140 Gott und die Welt

144 Das Finale

152 Ideen für junge Menschen

158 Ratschläge für etwas ältere Menschen

161 Zukunftsvisionen

164 Fragen über Fragen

184 An den Schöpfer des Universums!

187 Gebet für Fatuma

Anhang

190 Lieferbare Bücher von Rüdiger Nehberg (chronologisch)

193 DVDs mit TV-Filmen mit Rüdiger Nehberg (chronologisch)

Rückblick

»Wer mit 50 aufwacht und nichts tut ihm weh – der ist tot«, habe ich irgendwo gelesen. Solch tiefschürfende Erkenntnisse können gar nicht von mir stammen. Dazu fehlt es mir an philosophischem Verstand und medizinischen Kenntnissen.

Diesem Spruch zufolge scheine ich jedenfalls zu leben. Denn mir tut einiges weh. Der Recyclingprozess gewinnt an Dynamik. Aber ich bin ja auch keine 50 mehr. Rüdiger wird inzwischen 75! Hier gern noch einmal in Buchstaben: f ü n f u n d s i e b z i g! Ein klarer Grund zum Feiern. Ein Grund für dieses Büchlein. Es ist ein Rückblick im Zeichen der Fragen: »Was würdest du im nächsten Leben anders machen? Was kannst du anderen unternehmenslustigen Menschen an Ratschlägen mit auf den Weg geben?«

Fünfundsiebzig! Ein Dreivierteljahrhundert! Dabei hätte mir niemand dieses Methusalem-Alter zugetraut. Am wenigsten mein Vater. »Wenn du so weitermachst, wirst du nicht alt«, hatte er mich schon gewarnt, als ich 17 war. Damals war ich per Fahrrad nach Marokko geradelt, um Schlangenbeschwörung zu lernen. Er dachte, ich sei in Paris. Ein Freund hatte ihm jede Woche eine vorbereitete Postkarte geschickt. Ein Hoch auf wahre Freundschaft!

Oder als ich 25 war, und er beim jordanischen Botschafter in Bad Godesberg quasi »um meine Hand anhalten« musste. Derweil saß ich in Aqaba am Roten Meer im Gefängnis, weil ich, gemeinsam mit zwei Freunden, mit einem »entliehenen« Boot nach Ägypten rudern wollte. Und dabei waren wir erwischt worden. Wir hatten die Aufmerksamkeit der Küstenwache unterschätzt. Pech, aber eine wichtige Lebenserfahrung. Gefängnis ist vergeudete Lebenszeit, wie vorzeitiger Tod.

»Dieben wird die Hand abgehackt«, wussten die shariakundigen Kollegen meines Vaters, und der – seines Zeichens *Stellvertretender Oberverbandsreferent des Westfälisch-Lippischen Sparkassen- und Giroverbandes zu Münster* – nahm sich erstmals in seinem langen Berufsleben als loyaler Banker – damals waren leitende Banker noch ehrenwert – einen ganzen unbezahlten Urlaubstag, um meine Hand zu retten. Denn die brauchte ich. Ich wollte mich in absehbarer Zeit mit einer Bäckerei und Konditorei selbstständig machen. Und mit einer Hand, klar, schafft man nur die Hälfte. Und man kriegt seine Hemdenknöpfe nicht mehr zu. Meine Hand und ich hatten Glück. König Hussein hatte dieses Gesetz vor Kurzem geändert. Wahrscheinlich hatte er geahnt, dass ich komme. Die Hand blieb dran. Ehre dem König!

Inzwischen habe ich meinen alten Herrn an Lebenszeit längst übertroffen. Er starb mit 68. Ich gehe auf die 80 zu, habe mehr Pläne als Restlebenszeit – und gar keine Zeit, den Löffel beiseitezulegen. Aber damals, zu diesen Anfangszeiten meines Lebens, hätte ich das nicht einmal selbst geglaubt. In jener Nacht der Verhaftung kamen gleich mehrere Motorboote auf uns zugerast. Die Schützen an den Maschinengewehren waren merklich aufgeregt. Sie schrien wild durcheinander, gaben uns irgendwelche Befehle, die wir nicht verstanden, die aber nur eines bedeuten konnten: »Hände hoch!« Und das hatten wir bereits instinktiv gemacht, noch bevor sie in Sichtnähe waren. Es war unsere einzige Chance in diesem Moment. Dazu muss man weder Arabisch noch Hebräisch verstehen. Uns war klar, dass sie natürlich nicht wissen konnten, wen sie vor sich hatten. Wir hätten ja auch schwer bewaffnet sein können. Wie sich später herausstellte, hatten sie uns für israelische Spione gehalten, und mit solchen Leuten war nicht zu spaßen. Bei dem heftigen Wellengang, dem die konkurrierenden Boote sich gegenseitig aussetzten, stolperten die Soldaten mehrfach über die Patronengurte ihrer Maschinengewehre. Da hätte ein einziger Millimeter mehr Krümmung des Zeigefingers am Abzug genügt, um uns ins Jenseits zu blasen.

Und so wie dort, ging es mir nach jeder weiteren bewaffneten Auseinandersetzung. »Das wird mir nicht noch einmal passieren«, gaukelte ich mir dann vor, sobald sich die Aufregung gelegt hatte. Damit lag ich nicht einmal so falsch. Denn natürlich passierte nie etwas zwei Mal in derselben Weise. Es passierte anders, manchmal nur um Nuancen anders, und schon wieder war ich etwas schlauer. Wie der Wolf, der sich aus der Falle befreit hat.

Ich liebte solche Aufregungen. Denn immer schon wollte ich vor allem ein spannendes und abwechslungsreiches Dasein. Ich wollte Geschichten erleben, die anderen Menschen nie im Leben widerfahren würden. Das Risiko eines zu frühen Abschieds aus dieser Welt nahm ich dafür bewusst in Kauf. Nach jedem Überfall, selbst nach der Ermordung meines Freundes Michael Teichmann 1975 am Blauen Nil, stand eine Änderung dieser Prinzipien, etwa ein Verzicht auf die Reisen, nie zur Debatte. Ganz oder gar nicht. Alles oder nichts.

Ein jahraus, jahrein genormtes, sich täglich wiederholendes Leben war für mich nie vorstellbar. Schlimm genug, dass meine Selbstständigkeit als Bäcker und Konditor in Hamburg mit fünfzig Mitarbeitern mir gewisse Normen aufzwang. Festgelegte Ladenöffnungszeiten, Zufriedenstellung der Kunden, Innungsversammlung, Bilanzen, Tilgung der Kredite – Verpflichtungen ohne Ende. Aber diese Bürde trug ich gern. Ich empfand sie nicht einmal als Last. Sie war Teil meiner Lebensgestaltung, meines Wesens. Sie forderte mich heraus, zeigte mir, dass ich den gesellschaftlichen Anforderungen gewachsen war.

Diese bürgerliche Last wurde durch mein Hobby Abenteuerreisen reichlich ausgeglichen. Vor allem mit steigender Intensität, als ich merkte, dass diese Sehnsucht mithilfe der unerschöpflich vielseitigen Disziplin Survival ausbaufähig war. Ich weiß noch wie heute, was ich dachte, als ich von dieser Disziplin in den USA zum ersten Mal hörte. »Genau das habe ich unbewusst immer vermisst und gesucht, um mich unabhängig von Zivilisation und Überausrüstung zu machen.« Unabhängig sein wie jedes frei lebende Tier. Ich habe mich trainiert, monatelang im Abseits der Welt bestehen zu können. Zwischen kalkulierbaren Naturgewalten und unberechenbaren Menschengestalten. Zwischen dem Auf und Ab körperlicher Verfassungen, zwischen Witz und Schock, Steinzeit und Gegenwart, Freiheit und Gefangenschaft, Leben und Tod. Dank Survival konnte ich meiner Seele und dem Verstand neue Dimensionen erschließen, mich mit Vielseitigkeit resistent machen gegen Null-Bock-Mentalität und Arbeitslosigkeit, konnte Selbstvertrauen und Zivilcourage mehren. Und ich lernte, diese Stärken einzusetzen. Ob daheim oder in der Öffentlichkeit. Dort, wo Naturschutz und Menschenrechte mit Füßen getreten wurden, wo Geschundene Hilfe brauchten. Abenteuer mit Sinn – mein Markenzeichen.

Ich wollte Aufregungen erleben, die mir nicht schon in Büchern vorgelebt worden waren. Ich wollte mir beweisen, dass ich mich autark in der Natur behaupten konnte, mit einem Minimum an Ausrüstung und Grundbedürfnissen, ein Wanderleben, reduziert auf animalische Anspruchslosigkeit. Das wenige dann aber kompensiert mit einem Maximum an neu erworbenen Urfähigkeiten. Ein Neandertaler der Gegenwart.

Infolge dieses Lebenskonzepts bewegte ich mich immer in zwei konträren Welten. Es waren die Gegensätze von Zivilisation und Natur, von der modernen Hygiene der Backstube und dem archaischen Schmutz des Elementar-Survival, von überschäumendem Glück und Todesängsten, dabei immer rastlos getrieben von Fernweh und Heimweh, von Neugier auf die Welt und Spaß am Risiko – seit ich 17 und mit dem Fahrrad in Marrakesch war, um die Kunst der Schlangenbeschwörung zu lernen.

Jede Reise stärkte mein Selbstvertrauen. Erfahrungen sammelten sich nicht schlagartig, sondern langsam an. Nicht selten war erlittener Schaden mein bester Lehrmeister. Ich lernte, wie weit ich mich auf mich selbst verlassen konnte, wie sehr ich meinen Instinkten vertrauen durfte und wann ich pokern und meine Verbündeten *Glück* und *Schutzengel* bemühen musste, ohne sie überzustrapazieren. Dieses Konglomerat aus Abwägbarem und Riskantem gab meinem Leben die entscheidende Würze. Wie das Salz meinen Brotteigen.

Niemals haben mich Reisen gereizt, bei denen alles abgesichert war, bei denen mir jedes Planen abgenommen wurde, bei denen Zeitrahmen, Kostenfaktor, obligatorische drei Mahlzeiten pro Tag, Kulturprogramm und jedes Hotel garantiert waren und darüber hinaus noch alles versichert war. Einschließlich Wetterumschwung.

Dieser Freiheits- und Unabhängigkeitsdrang, im Verbund mit Abenteuerlust, muss mir angeboren sein. Meine Familie hatte nichts davon in ihren Genen. Schon als Fünfjähriger war es mir ein Gräuel, mit sauber geputzten Schuhen und gebändigt an der Hand meiner Eltern den obligatorischen Sonntagsspaziergang auf asphaltierten Wegen gehen zu müssen. Lieber büxte ich mit treuer Regelmäßigkeit von zu Hause in Bielefeld (Am Schildhof 31) aus, um quer durch den Teutoburger Wald zum zwei Kilometer entfernten Tierpark Olderdissen zu flitzen und meinem Freund ein Leberwurstbrot zu bringen. Mein Freund war der einsame Wolf, der den ganzen Tag verzweifelt und monoton am Drahtverhau seines kleinen Geheges hin- und hertrabte wie das Pendel der Standuhr meiner Oma. Ihn verehrte ich inniglich, seit ich Rotkäppchen studiert und mein Vater mir klargemacht hatte, dass Wölfe nicht grundsätzlich Menschenfresser sind und dieses Märchen erfunden und nicht etwa Tatsache sei.

Demnach stand ich wohl schon immer aufseiten der Diskriminierten, der Schwachen – angeborenes Helfersyndrom, aber von den Eltern forciert, wenn sie mir die Leberwurst etwas dicker aufgetragen hatten. Ich hatte ihnen vorgeschwärmt, wie lecker die Leberwurst sei. Hilfsbereitschaft sollte mein weiteres Leben dominieren. Nie verspürte ich den Ehrgeiz, etwas dagegen zu unternehmen. Jeder hat eben seine Schwächen und Stärken. Niemand ist stärker als seine Gene.

Meiner Familie war mein Reisedrang lange fremd und bot permanenten Anlass zur Aufregung. Ob mittags oder abends – die meistgestellte Frage meiner Mutter lautete: »Wo ist Rüdiger denn schon wieder?«

»Der ist bestimmt bei seinen Kaninchen am Stall«, vermutete meine jüngere Schwester Ingeborg und hoffte, meinen Pudding abstauben zu können, falls ich dem Essen fernbliebe. Wer zu spät kam, verlor den Anspruch auf Dr. August Oetkers Vanillekreation.

Wenn meine Mutter dann aus dem Fenster in Richtung Stall schaute und mich nicht entdeckte, geriet sie schon wieder in Panik. »Der Bengel wird es nie lernen.«

So viele Sorgen. Dabei war ich doch ihr Wunschkind (Originalton Mutter).

Sie hätte nur genauer hinschauen müssen. Denn natürlich war ich bei meinen Kaninchen. Ihr Rufen hatte ich nur nicht gehört. Es war mir wohl an den Ohren vorbeigegangen. Ich lag nämlich *im* Stall und kuschelte mit meinem Lieblingslangohr.

Trotz all des Kummers, den sie wegen mir hatten, wuchs das Verständnis meiner Eltern. Sie hatten nicht den Ehrgeiz, dass ich ein Klon ihrer selbst werden müsste. Ich durfte Individuum bleiben. Dafür bin ich ihnen ewig dankbar. Antehum und posthum.

Um meiner Mutter Dauerstress zu lindern, bin ich mit 15 ausgezogen. Ich nahm die Gelegenheit wahr, bei meinem Lehrmeister Theo Pohlmeyer in der Ludgeristraße zu Münster zu wohnen. Das Zimmer war klein, um nicht zu sagen klitzeklein, und ich teilte es mit drei Kollegen, was den Raum noch dreimal kleiner machte – ein Gefühl wie in dem engen Kaninchenstall. Nur, dass es besser roch.

In dieser hautnahen Lebensgemeinschaft fühlte ich mich geborgen und entging vor allem der größten aller Gefahren, die auf einen Bäcker lauern. Nicht etwa, in einem Ofen zu verglühen. Das könnte man noch tolerieren. Es ging vielmehr um den unverzeihlichen Straftatbestand, morgens zu verschlafen. Denn nun waren meine Nächte um halb vier zu Ende und meine Tage 18 Stunden lang. Noch heute bin ich notorischer Frühaufsteher und Langzeitarbeiter.

Wenn ich wieder einmal abgemagert, aber lebend von einer Reise heimkehrte und meine Eltern besuchte und Mutters Teller und Töpfe so blitzblank ausschleckte, dass sich das Abwaschen erübrigte, ahnte sie nicht, dass ich nicht nur den Gewichtsverlust ausgleichen wollte, sondern mir bereits neue Pläne durch den Kopf schwirrten für die nächste Reise. Zum Denken braucht man Nahrung, vor allem Zucker.

Nachbar- und Kollegenreaktionen wie »Hast du noch nicht genug?«, »Willst du etwa weitermachen?«, »Du solltest dich unbedingt versichern«, »Würde ich ja auch machen, aber aus Verantwortung für Frau/Kind/Chef bleibe ich hier« waren mir Komplimente und Ansporn zugleich, genau in *meinem* Stil weiterzuleben. Schließlich wollte ich *mein* Leben leben und nicht das der anderen, ein mir aufgezwungenes. Denn eins wollte ich keinesfalls, nämlich ein solch wohlgeordnetes, vorhersehbares, unaufregendes Leben führen wie sie, die das

Abenteuer lieber vor der Glotze und im Kino konsumierten. Ich wollte nicht, wie meine Nachbarin Marlies M., schon im Februar eine Einladung zur Feier am 12. November absagen, weil sie dann die Gardinen abnehmen und waschen musste. Immerhin tat es ihr leid. »Aber weißt du, das habe ich in meinem Kalender schon seit so Langem vorgemerkt.«

Hilfe! Neun Monate im Voraus! So lange plane ich manche meiner Reisen nicht. In dieser Zeitspanne kriegen andere Leute Kinder.

Auf jeden Fall hat Marlies' Einwand mich davon überzeugt, in meinen vier Wänden auf Gardinen zu verzichten. Zeitersparnis. Lustgewinn.

Ich wollte ein pralles Leben, das Abenteuer *selbst* meistern und meine unbändige Neugier auf die Welt stillen, über meinen Schatten hinwegspringen. Deshalb lautete eines meiner ersten Lebensprinzipien: »Lieber kurz und knackig leben als lang und langweilig.« Und mit jedem Tag machte ich mir klar, dass das Restleben wieder um 24 Stunden kürzer geworden war. Fazit Devise Nummer zwei: »Heute beginnt der Rest des Lebens. Let's fetz!«

Nun lebe ich bereits lange und knackig. Das erfüllt mich mit großer Dankbarkeit. Und all meine Erkenntnisse und Erinnerungen möchte ich nun mit meinen Lesern teilen und auch bei ihnen lodernde Begeisterung entfachen, damit sie ihr Leben verdoppeln und verdreifachen.

Spiel mir das Lied vom Tod

Fünfundzwanzig bewaffnete Überfälle habe ich überlebt. In Jordanien, Äthiopien, Brasilien, auf dem Ozean. Die Hälfte mit Glück. Die andere Hälfte mit Survival. Glück, wenn die Schüsse unbeeinflussbar danebengingen. Aus Gründen der Fairness an dieser Stelle ein herzliches Waidmanns Dank den schlechten Schützen!

Survival, wenn ich, wie im Falle der Ermordung meines Freundes am Blauen Nil in Äthiopien, für die Angreifer unerwartet unterm Hemd einen Revolver hervorzauberte und keine Hundertstelsekunde Zeit verloren ging, weil ich ihn weder entsichern noch die erste Patrone in den Lauf schieben musste.

Er war allzeit schussbereit. Auch die Patronen waren survivalmäßig vorbereitet. Weil wir täglich mehrfach ins Wasser stürzten, waren sie am Hülsenhals und Zündhütchen mit Zaponlack gegen Nässe isoliert. Sie funktionierten bestimmt auch unter Wasser. Ich hatte nur keine Gelegenheit, das auszuprobieren.

Oder als meine Freunde Klaus Denart, Horst Walther und ich bei unserer Karawane durch die Danakilwüste einen bewaffneten Raubüberfall abwenden konnten, indem wir den Tätern Schlaftabletten in den Tee schütteten.

Bei jedem Überfall dachte ich, ich sei schlauer geworden. Das mochte auch stimmen. Aber dann lief der nächste wieder ganz anders ab, und der Lernprozess setzte sich fort. Ich begriff, dass man nie auslernt.

Was ich auf jeden Fall lernte, war, was Werner Mitsch einmal so treffend formuliert hat: »Der Tod geht immer zwei Schritte hinter dir. Nutze den Vorsprung und lebe.« Ein Hoch auf den Mann! Wenn auch die Bestattungsbranche nicht begeistert sein wird.

Meist kamen die Attacken unerwartet. Dann blieb keine Zeit für Angst. Nicht einmal Bruchteile einer Sekunde. Man reagierte blitzschnell, wie im Straßenverkehr, wenn ein Auto die Vorfahrt missachtet und im Kollisionskurs auf einen zurast.

Schlimmer war es, wenn sich etwas Bedrohliches *allmählich* zusammenbraute. Wenn man die Gefahr zunächst nicht wahrhaben mochte und sich der Verdacht langsam zur Tatsache verdichtete, wenn man Zeit hatte zum Nachdenken, wenn der Körper auf Höchsttouren fuhr und man die Kontrolle über ihn zu verlieren schien. Wie während der fünftägigen Flucht nach Michaels Ermordung auf dem sich stark windenden Blauen Nil, wo die Verfolger den Geländevorteil auf ihrer Seite hatten. Und wir wiederum Gewehre, um sie auf Distanz zu halten.

In solchen Momenten erfährt man abstrus Revolutionäres. Da blitzen einem Gedanken durchs Hirn wie »Habe ich mein Testament aktualisiert?«, »Schulde ich noch jemandem Geld oder Dank?«, »Muss ich mich noch irgendwo entschuldigen?« Zu meiner Beruhigung war ich mit meinen diesbezüglichen Bilanzen eigentlich meist auf dem Laufenden. Sie waren Teil jeder Reise, jeder Expedition. Schon meinen Eltern habe ich wiederholt und oft ohne besonderen Anlass rechtzeitig meinen Dank gesagt dafür, dass ich mich von ihnen bestens behütet in die Welt entlassen gefühlt habe. Dergleichen erst am Grab zu erledigen, unhörbar für die Eltern, nur inszeniert für die Trauergemeinde, wäre mir als unverzeihliches Versäumnis vorgekommen.

Solche Gedanken schossen mir durch den Kopf, wenn dazu die Zeit blieb. Doch immer dann, wenn man meinte, dieses sei nun das Ende, wenn bereits der erste Geier seine Kreise zog und ihm vor Gelüste der Geifer vom Schnabel tropfte, dann schwebte plötzlich mein Schutzengel ein und regelte alles zu meinen Gunsten.

Ich habe so viel Glück im Leben gehabt, dass ich fest an meinen persönlichen Schutzengel glaube. Anders ist meine Fortune nicht zu erklären. Und immer wieder habe ich mich gefragt, womit ich das überhaupt verdient habe. Ob die Rettung einen Sinn haben soll, ob er noch etwas anderes mit mir geplant hat. Ob das vielleicht der Dank dafür ist, dass ich dem Wolf in Olderdissen meine Leberwurstbrote gegeben habe. Meinem Schutzengel gebührt deshalb an dieser Stelle ein ganz besonderer Dank, ein liebevolles platonisches Streicheln seines Gefieders und ein kleines Päckchen mit Kraftnahrung.

Fünfundsiebzig, ein Dreivierteljahrhundert! Ausgerechnet ich. Nie erschien mir das erstrebenswert. Zu viele Repräsentanten dieser Spezies »Methusalem«, manche schon im Studienalter, hatten bei mir den Eindruck hinterlassen, das Leben sei längst gelaufen, beendet, reduziert auf die monatliche Rentenauszahlung, den halben Preis für das U-Bahnticket, Gratisabos für das große Kreuzworträtselheft, am Leben gehalten von der Hoffnung, dass die Kinder Weihnachten zu Besuch kommen, ob man – Krönung – gar eingeladen wird, den Heiligen Abend mit ihnen in ihrem Haus zu verbringen, oder ob sie – Depression – nur auf ein schnelles Stündchen am zweiten Feiertag vorbeischauen, um ihre Geschenke abzutransportieren und als Gegenleistung das Gefühl zu hinterlassen, unerwünscht zu sein, ausgedient zu haben.

Nicht einmal auf den Ü 30-Partys ist man in meinem Alter noch willkommen. Also ein frustrierendes Rentnerdasein, das nur noch geprägt ist von Geschichten à la »Weißt du noch?«

und »Wir früher« und »Die Jugend heute« und dem Abenteuer, einem von den Krankenkassen geschröpften Arzt in einer überfüllten Praxis eine halbe Minute mehr von der karg bemessenen Konsultationszeit abzuwacken, damit der Tag vergehen möge? Grauen pur. Solches Finale war und ist nie mein Ziel gewesen.

Auf der anderen Seite darf ich nicht leugnen, zwischenzeitlich selbst immer öfter in solchen Praxen aufzutauchen. Fast schäme ich mich, gehe geduckt hinein, verstecke mich hinter der *Bunten*, halte die Konsultation kurz und schleiche wieder von dannen, irgendein Rezept in der Hand für neue bunte Pillen. Da ist was mit dem Herzen, dort meldet sich die Arthrose, und auch das Kniegelenk streikt und weigert sich, mir beim Rollen der zentnerschweren Findlinge auf meinem Grundstück noch zu Diensten zu sein. Das Foto auf dem Buchdeckel, mein Porträt, verrät weiteren Verschleiß: Ich bin auf eine Brille angewiesen, Gleitsichtgläser, sonst komme ich mit der Tastatur des Laptops nicht mehr klar und mit der Identifizierung der Enten auf meinem lang gestreckten See. Und wäre das Foto von der Seite aufgenommen, sähe man die Hörgeräte. Ohne sie bin ich taub. Absolut. Ein Lobgesang auf die Mikrotechnik!

Mindestens ebenso schlimm ist die Verlangsamung meiner Reaktionszeit.

Das ist mir erst kürzlich wieder klar geworden. Ausgerechnet vor einem Vortrag brach mir ein sichtbares Stück Zahn ab. Ich sah aus wie ein Schuljunge beim Verlust seiner Milchzähne. Das wollte ich mit Sekundenkleber reparieren und machte einen verhängnisvollen Fehler. Durch Nervosität (nur noch zehn Minuten bis zum Vortrag!) kamen nicht nur der Zahn, sondern auch mein rechter Zeigefinger und der Daumen mit dem Teufelskleber in Kontakt. Sie verschmolzen augenblicklich zu einem unhandlichen und unzertrennlichen

Finger-Duo. Das ging so schnell wie das Schließen einer Wäscheklammer. Weder konnte ich die Finger voneinander lösen, noch vermochte ich mich vom Schuljungen-Aussehen zu befreien. Der Vortrag begann. Ich vermied das Lachen und wurde zum Linkshänder. Bis es mir später gelang, die siamesischen Finger mit dem Taschenmesser wieder zu trennen. Ratschlag an alle Zahnersatzträger: Geht nie ohne Zweikomponentenkleber und Taschenmesser aus dem Haus.

Leser meiner *Autobiographie* wissen, dass ich all das, was man mir im Laufe des Lebens herausoperiert hat, in einem Glas mit Alkohol gesammelt habe. Mein Lebensindikator. Je voller das Glas, desto leerer ich selbst. Immer wieder sitze ich andächtig davor und staune über das Entbehrliche und versuche die klassische Frage der Optimisten und Pessimisten zu beantworten, ob der Behälter noch halb leer oder schon halb voll ist. Oder: Wann halten sich Glasinhalt und Rüdigers lebende Restsubstanz die Waage? Jedenfalls fehlt mir schon einiges. Von den Haaren mal ganz abgesehen. Bestimmt wäre ich längst übergewichtig, wenn fleißige Chirurgen mir nicht immer mal wieder Teile entwenden würden, etwa den Blinddarm oder die Mandeln. Der, der hier schreibt, ist tatsächlich nur noch die Restsubstanz eines ehemaligen gewissen Rüdigers. Sozusagen der Reste-Rüdi. Andererseits sind da noch lebende 175 Zentimeter aufrechten Ganges (einschließlich Schrumpfquotient), 75 Jahre auf dem Buckel und 75 Kilo (plus-minus) auf der Waage. Welch beachtliche numerische Harmonie!

Was also tun mit dem Überbleibsel von Substanz und Zeit? Wie sie nutzen, um das Optimale rauszukitzeln, solange es noch geht? Da gibt es nur eine Antwort: Die große Ideenschublade aufreißen, den Inhalt aufklären, sortieren in Kurz-, Mittel-, Langfristiges, und die Prioritäten ständig aktualisieren. Der stete Schock: Mehr Pläne als Restlebenszeit. Die Dauerfrage: Was hat Vorrang?

Fangen wir also an mit dem Dringlichsten: diesem kleinen Büchlein. Es ist ein Dankeschön und Geburtstagsgeschenk des Verlages an mich und meine Leserschaft. »Ein kleines, aber ›ganz anderes‹ Buch als die bisherigen Werke«, schlug Verlagsleiter Marcel Hartges vor, »ein Rückblick unter dem Aspekt ›Was würde ich beim nächsten Mal anders machen?‹«

Ein ganz anderes Buch? Das ist schnell dahingesagt. Vielleicht eins, in dem die Seitenzahlen senkrecht angeordnet werden, in dem man keine Bilder findet, bei dem der Einband das Geschenkpapier erübrigt? Nun, es soll mehr sein. Auf jeden Fall eine Art Sammlung »Bisher Ungeschriebenes«. Etwas, das die Leser immer schon fragen wollten, Tiefschürfenderes, Philosophischeres. Keinesfalls eine zweite Autobiografie. Denn die existiert ja längst, wird alljährlich aktualisiert, wird befreit von entbehrlich Gewordenem, angereichert um Neues und *Un*entbehrliches.

So etwas wie ein Rückblick also. »Er soll ein wenig von dem offenbaren, was wegen der Fülle der Ereignisse in deinen anderen Büchern, den Reiseberichten, den Survival-Anleitungen, zu kurz gekommen ist. Zum Beispiel die Seele, der »unmögliche« Mensch, der Einzel- und Grenzgänger. Der Visionär.« Davor hatte ich mich bisher immer gedrückt. Nun saß ich in der Falle.

Ansinnen gibt es! Ich, der Pragmatiker, soll philosophieren? Da müsste eigentlich Annette herhalten. Sie ist meine Frau, und sie kann das besser. Aber nein, ich soll es selbst versuchen. Also wage ich es. Vielleicht bin ich auch schon mittendrin. Denn epische Breite hat mir nie gelegen. Und zudem habe ich die Warnung des Verlages im Ohr: »Achte darauf, dass es nicht mehr Seiten als vereinbart werden.« Aha, Papierknappheit. Regenwälder sparen. Und wirtschaftliches Denken.

Beim nächsten Mal wird alles anders!

»Was würdest du im nächsten Leben alles anders machen?«

Die viel gestellte Frage. Hört sich ein bisschen so an, als sei ich längst abgetreten, als gebe es von mir nichts mehr zu erwarten, als liege ich bereits wohlverpackt in der letzten Kiste, mit dem Hemd ohne Taschen, ausgeliefert dem unbarmherzigen Recycling, der Kompostierung der Natur, dem Gewürm zum Labsal.

Ich bin mir sicher, dass es ein zweites Leben nicht geben wird. So sehr die Religionen damit werben, um ihre Thesen vom Jüngsten Gericht, Himmel und Hölle zu manifestieren und die eigene Existenz zu rechtfertigen. Was ja auch recht lukrativ ist. Deshalb habe ich mich für ein Leben *vor* dem Tod entschieden. Nur daran glaube ich, weil es beweisbar ist.

Die Frage, was ich im nächsten Leben anders machen würde, habe ich mir natürlich dennoch oft schon selbst gestellt. Schließlich hatte ich dazu ja ausreichend Zeit. Und die Antwort darauf war und ist klar. Vielleicht nutzt sie dem nachrückenden Nachwuchs, Versäumnisse zu vermeiden. Im hypothetischen nächsten Leben würde ich schon viel früher mit den Aktivitäten für Menschenrechte anfangen, meine bodenständige Existenz, den Handwerksbetrieb, schon viel früher beenden, verkaufen, mich voll und ganz dem »Abenteuer mit Sinn« und der Menschenrechtsarbeit widmen. Denn einzig diese Tätigkeit, diese echte Berufung, das Abenteuer mit Sinn, schenkt mir die volle Erfüllung. Mein lebenslängliches größtes Handicap war und ist sicher meine Spätzünder-Veranlagung.

Was hätte ich alles erleben und bewegen können, wenn ich gleich als Neunmalkluger und nicht als Erbsenzähler geboren worden wäre. Was habe ich da an Gelegenheiten und Zeit verspielt! Ich bin ein Langsamentwickler und kein Shooting Star. Ein Jammer, aber unabänderlich.

Aber hinterher ist man bekanntlich immer schlauer. Im übernächsten Leben würde ich erneut einiges anders machen. Viel wichtiger erscheint mir, überhaupt lern- und veränderungsfähig geblieben zu sein. Bilde ich mir jedenfalls ein. Jede Phase meines Lebens war zu ihrer Zeit von Bedeutung für mich, Höhepunkt, Herausforderung, eine neue Erfahrung. Weil ich nichts Hochrangigeres kannte. Sie war meinen jeweiligen Möglichkeiten angepasst: zeitlich, finanziell, psychisch, physisch und geistig. Jede Aktion baute auf den Erfahrungen auf, die ich bei der letzten gesammelt hatte. Narbe auf Narbe, Blauauge auf Blauauge. Erst die jeweils neuen Erfahrungen verliehen mir das erforderliche Selbstvertrauen, um eine nächstgrößere Vision zu wagen.

Irgendwann kam zum Selbstvertrauen eine zweite Kraft hinzu. Das war die Wut. Die Empörung, die man als Augenzeuge gewaltiger Verbrechen empfindet. Wenn man den Hohn der Verbrecher erlebt und die Chancenlosigkeit der Opfer. Wenn man das Glück zu schätzen lernt, weder zum einen noch zum anderen Kreis zu gehören. Oder wenn man das Glück hatte, dem Opferkreis entkommen zu sein. Wie ich, als ich 1935 ausgerechnet ins Nazi-Deutschland hineingeboren wurde, als meine Familie allen Besitz verlor, fliehen und ganz von vorn anfangen musste. Aber überlebte. Damals lebten wir in Danzig.

Die dritte Antriebskraft waren der Motivationsschub durch Erfolge, die sich allmählich einstellten. Sie verliehen meiner Phantasie Flügel und dem Körper das nötige Durchhaltevermögen. Sie steigerten meinen Mut bis hin zur Tollkühnheit, obwohl die manchmal ganz schön gefährlich sein konnte. Aber ich legte die Betonung lieber auf *ganz schön* als auf *gefährlich*. Ich erfuhr neue Grenzen meiner Möglichkeiten und erlebte schließlich die Krönung aller Mühen und Freuden in meinen Siegen.

Natürlich war es vor allem der erste große Sieg, als die Yanomami-Indianer im Jahre 2000 endlich ihren in der brasilianischen Verfassung zugesicherten Frieden erhielten. 18 Jahre lang hatte mein Engagement gedauert. Fast jedes Jahr, wenn ich mich nur irgendwie von meiner Konditorei für ein paar Monate lösen konnte, war ich vor Ort in Brasilien, um mit meinem unkonventionellen Engagement den drohenden Völkermord an den letzten frei lebenden Indianern des Kontinents in die Welt hinauszuschreien und zu helfen, ihn zu beenden. Das ist gelungen. Irgendwann war die proindianische Lobby so stark gewachsen, dass Brasilien nachgeben und die Indianer schützen musste. Ihr Wald von der Größe der Schweiz wurde als Schutzgebiet bestätigt, die Armee von 65 000 illegalen Goldsuchern wurde herausgehungert durch Abriegelung des Nachschubs.

Hätte ich in diesen 18 Jahren nicht die vielen kleinen Zwischenerfolge gehabt, hätte ich vielleicht irgendwann nicht mehr die nötige Kraft besessen und aufgegeben. Es waren diese vielen kleinen Etappensiege nach Einzelaktionen, die meine Kapitulation verhinderten. Einzelaktionen wie die Atlantiküberquerungen auf scheinbar ungeeigneten Fahrzeugen wie Tretboot, Bambusfloß und massivem Baumstamm. Es waren grandiose Erfahrungen, auf solchen Vehikeln in Amerika anzukommen oder mit den Anliegen bis vor die Weltbank, die UNO, in die Hauptfernsehnachrichten und auf die Titelseiten der Tagespresse vorzudringen. Die Medien wurden zu meiner stärksten Waffe. Sie verliehen meinen Missionen die erforderlichen Dimensionen.

Besserwisser und Ratgeber

Egal, was man macht, prompt meldet sich die Horde der »Kritiker«. Großer Trost: Sie melden sich auch, wenn man *nichts* macht. Sie sind allgegenwärtig. Sie werden oft getrieben von ihrer eigenen Untätigkeit, ihrer Phantasielosigkeit, auch ihrer Feigheit. Manchmal ihre einzige erkennbare Aktivität.

Dabei freue ich mich über konstruktive Kritik. Doch ich schalte ab, wenn die Klugschnacker anrücken. Davon gibt es sehr viele. So war jede Reise zugleich ein lehrreiches Studium der Spezies Mensch!

Sie tauchen ungefragt und oft halb informiert allerorten auf, wissen nichts über die Mühen der Planung, Konsultation der wahren Experten und durchlittenen Trainings. Aber sie wissen es besser. Jeder kennt diese Sorte Mitmensch, denn sie sind nicht nur bei Expeditionsplanungen allgegenwärtig. Sie richten dir deine Wohnung ein, sie sagen dir, dass deine Krawatte farblich nicht mit den Schnürsenkeln harmoniert.

All diese Besserwisser haben eins gemeinsam: Niemals und nicht einmal im Traum hätten sie je annähernd Ähnliches selbst gewagt. Pioniergeist ist ihnen fremd. Und deshalb war es für sie »unmöglich«, »leichtsinnig«, »unverantwortlich«, »Herausforderung des Schicksals«, »Selbstüberschätzung«, »Verheizung von Aktivisten«, »Rücksichtslosigkeit gegenüber der Familie«, »Verhöhnung des Meeresgottes« und »Gefährdung anderer Menschen, wenn sie dich retten müssen«. Eine bunte Palette, die viel über ihre eigenen engen Grenzen aussagte. Sie möchten, dass du so angepasst, unauffällig, konform lebst wie sie selbst und keinesfalls ein selbstbestimmtes Leben führst.

Zwangsläufig nahm ich dergleichen Meinungen zumindest akustisch zur Kenntnis. Ich bin ja noch nicht völlig taub. Vielleicht steckte ja doch ein noch so kleiner, aber wertvoller Funke des Nützlichen dahinter. War das nicht der Fall, trat ich sie in die geduldige Tonne. Mit diesen Kritikern zu diskutieren ist reine Zeitvergeudung und wertet sie nur auf.

Was ich übrigens nie erlebt habe, waren Verleumdungskampagnen bis hin zu Rufmord durch Reisepartner oder »Berufskollegen«, wie sie unter Bergsteigern immer wieder vorkommen. Das mag daran liegen, dass ich mit niemandem konkurrierte. Es ging mir nie um Rekorde. Meine Reisen hatten Einmaligkeitswert, da fühlte sich niemand überflügelt und in seinen Leistungen herabgewürdigt.

Wie viel beglückender waren dann die Erfahrungen mit den wirklichen Ratgebern. Zum Beispiel die Herren Jakob und Lehmann in Neu-Wulmstorf bei Hamburg. Sie betrieben eine Bootswerft und rieten mir dringend von meiner ursprünglich geplanten Tretbootkonstruktion ab, deren Grundkonzept sich am Blauen Nil für mein krokodil- und untergangssicheres »Floß-Boot« so perfekt bewährt hatte. »Du kannst den Nil nicht mit dem Ozean vergleichen. Dein Nilboot war ein kompakter Auftriebskörper und in sich stabil und unzerstörbar. Jetzt willst du mit einem Tretboot auf zwei Kufen über den Atlantik. Das sind zwei komplett verschiedene Welten. Da wirken gewaltige Hebelgesetze.«

Sie empfahlen mir, einen Profi zu konsultieren. Das war Schiffsbauer Dieter Scharping in Husby. In nur wenigen Stunden präsentierte er mir seinen überzeugenden Entwurf. Dazu noch kostenlos. »Mein Beitrag zur Rettung der Yanomami.«

Oder Kapitän Hoppe, der mich See-Navigation lehrte und mir ein liebevoll gestaltetes Büchlein von Hand schrieb über das Verhalten in allen denkbaren Notsituationen. Wie oft habe ich unterwegs dort hineingeschaut!

Bei den ersten Planungen überzeugte er mich beispielsweise von den Voraussetzungen, die mein Baumaterial zu erfüllen hätte. »Komm mal mit auf die Toilette.« Mit einem Schmunzeln zog er ein Stück Styropor aus der Tasche und bröselte es ins Becken. Dann betätigte er die Spülung. Es rauschte und wirbelte. Als sich das Wasser wieder beruhigt hatte, schwammen fast alle Brösel noch oben. »Genauso muss dein Boot beschaffen sein. Dann versenkt dich nicht mal ein Hurrikan.«

Oder die Kampfschwimmer der Bundeswehr, die mir kostenlos ein *Wasserangst-Überwindungstraining* anboten. Gut gemeint. Ebenfalls als Beitrag zur Rettung der Yanomami-Indianer. Kompanie-Motto: »Lerne leiden, ohne zu klagen!« Hey, dachte ich, auch noch Humor! Ich ahnte nicht, dass mir das Lachen sehr schnell vergehen sollte. Aber für mich, der sich in tiefen unergründlichen Wassern eher sehr unwohl fühlt (um nicht sagen zu müssen, dass ich Angst, nein, besser: Respekt vorm Wasser habe), wurde es von Anbeginn ein *Training des Grauens*.

Trainings-Kostprobe: Der Wurf ins fünf Meter tiefe Wasser. »Beobachtung der Psyche«, hatte man mir lediglich verraten, während meine Hände auf dem Rücken und die Beine an den Füßen zusammengeschnürt wurden. Dann der Wurf ins Wasser. Für mich Delinquenten die Erfahrung, wie sich Ertrinken anfühlt. Ich zappelte unkoordiniert in alle möglichen Richtungen – und »ertrank« dennoch kläglich.

Der Leben rettende Trick: während des teilweisen Auftauchens durch den natürlichen Auftrieb in die Rückenlage drehen. Das ist schwer ohne Zuhilfenahme der außer Betrieb gesetzten Gliedmaßen. Und die bleiben gefesselt. Dann legt man den Kopf auf die Brust, um einen Bug zu bilden und vollführt mit den Unterschenkeln Auf- und Abwärtsbewegungen. Ähnlich einer Fischschwanzflosse, die die gleichen Bewegungen seitwärts praktiziert. So kommt man gezielt voran, taucht auf und bekommt wieder Luft. Aber das verriet man mir erst nach dem ersten großen Schluck Wasser. Sadistenbande.

Obwohl ich bei allen weiteren Manövern immer wieder um mein Leben zappelte, sodass ganz Eckernförde schon ein Seebeben befürchtete, wurde dieses Training ein Meilenstein in meinem Dasein. Gern habe ich es später sogar wiederholt und manche Übung in mein eigenes Trainingsprogramm übernommen. Eine Anerkennung in Form eines Zeugnisses habe ich allerdings nicht erhalten. Dafür war ich zu schlecht. Dennoch hat der Ozean seitdem für mich Balken bekommen. Einzige Genugtuung: sie mussten mein Passfoto wieder zurückgeben, das mir beim Betreten des Gebäudes vorsorglich abgenommen worden war. Es sollte Bild Nr. 9 werden auf der Gedenktafel für die, die das Training nicht überlebt hatten.

Und Willi Probst, Kampfschwimmer Nr. 304, mein Ausbilder, verabschiedete mich mit dem Rat: »Mach dir keine Sorgen. Amerika kann überhaupt niemand verpassen. Das findet sogar der Dümmste (damit meinte er mich). Es liegt in voller Länge quer zu deiner Route. Du kannst es nur verfehlen, wenn du nachts im besoffenen Kopf durch den Panamakanal bretterst und das nicht mitbekommst. Also keinen Alkohol an Bord!«

Artig strich ich die Flasche Glühwein aus meinem Programm. Aber Tipps wie dieser sind einprägsame Ratschläge. Sie stärken das Selbstvertrauen.

Den verblüffend einfachsten Rat gab mir ein unbekannter Angler. Damals ging es um die Überfahrt mit einem massiven Baumstamm. Zwei Stunden hatte er wortlos beobachtet, wie ich Versuchsmodelle testete. Ich wollte wissen, ob man den dünneren oder den dickeren Teil des Stammes als Bug nimmt. Dünn wie die Spitze des Pfeils oder dick wie die tropfenförmigen Nasen der modernen Großschiffe. Um das herauszufinden, hatte ich mir zwei gleiche, entsprechend zugeschnittene Bretter angefertigt. Der Nasentyp lag letztlich eine Nasenlänge vor dem Pfeiltyp. »Das hättest du dir sparen können«, nuschelte der Angler. »Nimm dir ein Beispiel an den Fischen. Hast du schon mal einen gesehen, der mit dem Schwanz zuvorderst schwimmt? Alle schwimmen mit dem dicken Kopp voran.«

Der Sinn meiner Atlantiküberquerungen war – neben dem besonderen Erlebnis für mich –, auf spektakuläre Weise Botschaften von unter anderem *amnesty international* und *Greenpeace* weltweit ins Gespräch zu bringen. Wie beim Tretboot. Oder um eigene Appelle unübersehbar auf Segeln zu platzieren. Wie beim Bambusfloß und dem massiven Baumstamm. Immer ging es darum, den Yanomami und anderen Indianern die in der Verfassung garantierten Landrechte zu sichern und die Armee von Goldsuchern aus dem Urwald herauszuholen.

Grenzerfahrungen

Klar, dass man bei solch abwechslungsreichem Leben ständig neue Erfahrungen macht. Auch Grenzerfahrungen. Die unauslöschlichste – die demnächst sage und schreibe vierzig Jahre her sein wird – ist und bleibt die um die Ermordung meines Freundes Michael Teichmann am Blauen Nil in Äthiopien. Unmittelbar vor meinen Augen.

Eben hatten wir noch miteinander gesprochen. Banalitäten. »Soll ich Kaffee machen oder Tee?« Da tauchten diese Männer auf. Vermummt, bewaffnet. Kein Grund zur Aufregung. Dort war jeder Mann bewaffnet, und morgens war es kühl. Da mummte man sich ein.

Michael ging auf sie zu, begrüßte sie mit einer Verneigung, drehte sich wieder um, als sie den Gruß nicht erwiderten. Stattdessen rissen sie die Gewehre hoch und schossen, ohne ein Wort gesprochen zu haben. Ihn trafen sie in den Kopf. Entfernung zwei Meter. Ermordet vor meinen Augen von einer Gruppe heimtückischer Raubmörder.

Die Kugeln, die uns beiden anderen, dem Schweizer Andreas Scholtz und mir, gegolten hatten, waren danebengegangen.

Aber jedem Menschen in dieser Situation wäre augenblicklich klar geworden, dass die Schüsse ernst gemeint und keine Warnschüsse waren, wie wir das an manchen Tagen zuvor erlebt und demnach falsch bewertet hatten. Da lag zwar Michael schon auf dem Boden, aber er konnte sich auch in Deckung geworfen haben.

Doch ich roch und spürte die andersartige, die neue Wucht dieser Bedrohung. Ich roch das explodierte Pulver und spürte die Steinsplitter, die die verirrten Geschosse bei ihrem Aufprall vor unseren Füßen ausgelöst hatten. Hinzu kam die Schallwelle. So nah hatte ich nie zuvor vor einem Lauf gestanden. Andor muss das genauso klar gewesen sein. Beide hatten wir im nächsten Sekundenbruchteil die Revolver aus unserem Überlebensgürtel gerissen und zurückgeschossen. Damit hatten die Mörder nicht gerechnet. Sie hatten uns für unbewaffnet gehalten. Die Waffen hatten unterm Hemd gesteckt, und unsere Gewehre lagen deutlich sichtbar auf dem Boot, etwa acht Meter entfernt. Das ließ sie die Situation verkennen.

Alles Weitere lief genauso schnell ab. Den Männern war klar, dass wir jeden töten konnten, wenn er auch nur noch einen Schritt näher kam. Sie reagierten mit blitzschneller Flucht in den nahe gelegenen Wald. Wir griffen uns die Gewehre vom Boot.

Sekunden der Ruhe und Fassungslosigkeit. »Michael, komm, wir hauen ab.« Das war Andreas' spontaner Entschluss. Michael rührte sich nicht. »Gib mir Feuerschutz. Vielleicht ist er nur verwundet«, raunte ich Andreas zu. Der schoss mit dem Gewehr ziellos in den Wald, sodass jeder, dem sein Leben lieb war, sich wegduckte.

Ich robbte bäuchlings zu Michael. Erst da merkte ich, dass er tot war. Aber ich sah keine Wunde. Ich sah sie erst, als ich ihn umdrehte. Sie hatten ihn, als er sich nach der Verneigung umgewandt hatte, von hinten mit einem Dumdum-Geschoss in den Kopf getroffen. Der Einschuss war in seinem üppigen Haar kaum zu sehen. Aber der Ausschuss hatte sein ganzes Gesicht herausgesprengt. Es lag im Kies, die Hirnschale war leer.

Wir stießen das Boot ins Wasser und paddelten um unser Leben. Michaels Kopf ging mir nicht mehr aus dem Sinn. Ich verlor die Kontrolle über meinen Körper und machte mir in die Hosen. Der Mund wart staubtrocken vor Angst und hektischem Atmen. Zwar schöpften wir uns unermüdlich Wasser aus dem Fluss in den Mund, aber an der Trockenheit änderte das nichts. Ich war zu allem entschlossen. Ich hätte jeden getötet, wenn er eine Waffe auf mich gerichtet hätte.

In der ersten Stunde gaben wir uns keine Chance. Die Verfolger hatten den Geländevorteil. Wir waren auf den sich windenden Strom angewiesen. Aber mit jedem Meter, den uns das Wasser und die Paddel vorantrieben, fort vom Tatort, wuchs die Hoffnung zu überleben. Unsere Sinne waren wie zum Zerreißen gespannte Sehnen. Wir nahmen jede Maus wahr, die im Ufergesträuch unterwegs war.

So fielen uns trotz aller Hektik vier Hinweise auf, vier Fehler, die die Mörder beim Herannahen begangen hatten. Sie führten später zu deren Verhaftung.

Die Flucht dauerte fünf Tage. Tatsächlich kam es noch zu mehreren weiteren Begegnungen mit Einheimischen, bei denen wir die Finger bereits am Abzug unserer Gewehre hatten. Denn in jedem witterten wir einen potenziellen Verfolger, der nur eines im Sinn hatte: die Liquidierung der Zeugen, unseren Tod.

Die erste Salve der Mörder hätte auch Andor und mich treffen können. Aber wir überlebten. Ganz sicher hatte bei diesem Überfall wieder mein Schutzengel die Hand im Spiel. Er ließ die Schützen zittern und uns verfehlen. Und dann wurde er abermals aktiv, als wir zurückschossen, als auch wir das Ziel verfehlten. Denn dass auch wir auf diese kurze Distanz niemanden getroffen hatten, konnte ich mir später nur damit erklären, dass wir in unserer Panik und Überraschung nicht auf einen bestimmten der Täter gezielt, sondern »blind« in die anstürmende Männerhorde geschossen hatten. So, als hätten wir Schrot oder eine Maschinenpistole, und alle müssten tot umfallen. Dennoch – die Wirkung war gleich. Sie flohen auf der

Stelle, weil ihnen klar war, dass wir auf noch nähere Distanz garantiert treffen würden. Wäre tatsächlich auch nur ein Einziger von ihnen verletzt oder gar getötet worden, dann hätten sie bei ihrer Gefangennahme mit Leichtigkeit den Spieß umdrehen und behaupten können, wir hätten mit der Schießerei angefangen, als sie uns in freundlicher Absicht besuchen wollten. Dann hätten wir sehr schlechte Karten gehabt. Man glaubt seinesgleichen, nicht aber dem Fremden.

Heute würde ich den Fluss so nicht mehr befahren. Heute trägt dort jeder Mann eine Maschinenpistole. Da bleibt dem Fremden keine Chance, zu entkommen. Heute müsste man sich stattdessen von Dorf zu Dorf des Einverständnisses der Dorfältesten und eines Führers versichern, so, wie ich es seit Michaels Ermordung meist getan habe.

Unmittelbar nach dem Mord war ich zu allem bereit. Ich war voller Hass und Rachegefühle. Erst als ich im Verlauf der Fahndung die Armut der Täter erlebte, ebbten sie ab. Ich versetzte mich in ihre Lage. Sie wohnten abseits vom üblichen Landesgeschehen, fernab von Straßen, Bildung, medizinischer Versorgung und jedem Komfort und fristeten auf einem kargen Bergrücken ihr Leben. Menschen, die seit Generationen von den Regierungen und ihren Fürsten unterdrückt und ausgebeutet wurden, die im ständigen Kampf um einen Quadratmeter mehr Ackerland, einen Tropfen Wasser, einen Krümel Brot auch im Dauerkonflikt mit den Nachbarn lebten. Menschen, die nur ein einziges Kleidungsstück besaßen und in kleinen runden Grashütten von 15 Quadratmetern auf flach gelegenen Lagern aus Stroh schliefen. Keine der paar Hütten beherbergte auch nur ein einziges Stück Möbel. Der persönliche Besitz, vielleicht eine Halskette, ein Paar selbst gemachter Sandalen aus Autoreifen, hing in Beuteln und Plastiktüten an der Wand. Es gab eine Feuerstelle und ein bis zwei verbeulte rußige Töpfe, ein paar Teegläser.

Das höchste Gut mussten ihre Gewehre sein. Aber die waren jetzt irgendwo im Gebirge versteckt, als wir zusammen mit der Polizei unsere Razzia durchführten. Die Gewehre waren ihre Lebensversicherung. Wer unbewaffnet war, hatte keine Überlebenschance.

Auf einmal wurde mir klar, welche Provokation ein reichlich beladenes Boot für diese Leute darstellen musste. Und wie unwiderstehlich die Versuchung war, sich des schwimmenden Supermarktes zu bemächtigen.

Der Überfall hat Michael das Leben gekostet und mir das Leben später mehrfach gerettet, weil ich Konsequenzen aus dem Unglück gezogen habe. Ich reise nie wieder ungefragt durch scheinbar herrenlose Landstriche. Ich hatte gelernt, dass alles Land immer irgendjemandem zugeordnet ist. Selbst ödeste Wüsten sind zentimetergenau unter den Völkern aufgeteilt. Man muss nur herausfinden, wer deren Anführer ist, und ihn um Durchreiserecht und Schutz bitten. Anders wären Entdeckungsreisen oder Handelskarawanen früher kaum möglich gewesen. Es sei denn mit Gewalt. Und die wollte ich nicht zu meiner Maxime machen.

Die wenigen Ausnahmen von dieser selbst gegebenen Regel waren meine Märsche zu den Yanomami-Indianern oder der Ausflug, für den mich ein Hubschrauber nackt im brasilianischen Urwald ausgesetzt hatte, weil ich mir beweisen wollte, dass ich ohne jedes Hilfsmittel wieder hinausfinden würde. Überleben ausschließlich mit den Mitteln der Natur, dem Survivalwissen, den Instinkten und Glück. Wie jeder Indianer, wie jedes Tier. 23 Tage hatte es gedauert, ehe ich auf Menschen stieß und die Intimbegegnung mit dem Regenwald leider ein Ende hatte.

Dass in solchem Vorhaben ein unwiderstehlicher Reiz liegt, werden viele Menschen nie begreifen. In einer Landschaft ohne Wege einen Pfad zu suchen, nicht zu verhungern, nicht den mannigfaltigen Gefahren des Regenwaldes zu erliegen, ist für sie nicht vorstellbar. Ich verstehe solchen Horror bei jemandem, der sich nie mit dem Wald und dem Alleinsein auseinandergesetzt hat. Aber ich hatte mich seit Jahren darauf gefreut, der Urwald war mir nicht fremd, und ich hatte mich bei den Waiapí-Indianern einem Training unterzogen. Und je länger ich das Vorhaben hinausschieben musste wegen anderer dringenderer Aufgaben, desto größer wurden meine Bedenken, den Anforderungen nicht mehr gewachsen zu sein und schließlich darauf verzichten zu müssen. Schließlich wird niemand jünger.

Dennoch war der erste Augenblick, nachdem der Hubschrauber unwiderruflich davongeknattert war, ein besonderer, den ich nie im Leben vergessen werde. Ein Grenzmoment eben. Vom Helikopter aus hatte ich mich an einem Bergsteigerseil zwanzig Meter abgeseilt und war auf einem fünf Meter hohen Dickicht gelandet. Vom Hubschrauber aus hatte es wie ein wogender sanfter Teppich ausgesehen. Und woanders hatte mich der Pilot nicht absetzen können. Es gab weit und breit keine Lichtung, nur hohe Bäume und randvolle Flüsse.

Schon vor der Landung, noch im Schwingen, wurde mir klar, dass ich das erhoffte moosartige Polster vergessen konnte. Jede Ranke, die sich mir zur Begrüßung entgegenstreckte, war mit Dornen bewehrt wie die deutsche Stachelbeere. Meine Haut war zerrissen und blutete, bevor ich mich vom Seil lösen konnte. Es gab keine Chance, durch das Unterholz hindurchzukriechen. Denn auch das Unterholz war eine Dornenwand. Der einzige Weg führte über das Hindernis hinweg. Ein Schwanken wie auf Rollen von Stacheldraht. Als ich endlich den wegelosen Waldboden erreicht hatte, aufgeregt, überhitzt und durstig, erinnerte ich mich eines Zitats des brasilianischen Schriftstellers Paulo Coelho: »Man kann über die Schönheit des Weges nicht befinden, wenn man nur aus der Tür schaut.«

Und genau deswegen war ich hierhergekommen. Ich wollte etwas Unvergleichbares erleben, einen neuen Weg ertasten. Egal, welche Hindernisse sich mir in den Weg stellten.

Nach kurzer Rast, nach einem ersten Sammeln von Kraft und Gedanken, zeigte sich der Weg ganz von selbst.

Dass die Insekten sogleich die Chance genutzt hatten, ihre Eier in die frischen Kratzer zu legen, merkte ich erst Tage später, als sich an mehreren Stellen Beulen bildeten. Statt Eiter gebaren sie die kaulquappengleichen Larven, den Nachwuchs der Dasselfliegen. Für viele Menschen das blanke Entsetzen, für mich war es Nahrung pur. Larven von meiner Körpersubstanz entstanden, konnten so schlecht nicht sein. Ich aß sie auf, um die Lücken zu schließen, die sie gerissen hatten. Leben von der eigenen Substanz, ein Perpetuum Mobile des Survival.

Nicht weniger aufregend empfand ich die drei Starts von der afrikanischen Küste nach Amerika mit meinen drei selbst gebastelten Fahrzeugen: Tretboot, Bambusfloß und massivem Baumstamm. Von einem Moment auf den anderen war ich ganz auf mich gestellt, und es musste sich noch herausstellen, ob meine navigatorischen Kenntnisse ausreichend wären. Ab jetzt gab es keinen Rückweg mehr. Es war nicht möglich, mit meinen schwimmenden Fahrzeugen ohne Motor gegen Wind und Strömung nach Afrika umzukehren. Um nach Hause zu kommen, gab es nur eine Richtung: vorwärts, über den Umweg Amerika.

Die Alternative, die käuflichen sogenannten Abenteuerreisen von Touristikunternehmen mitzumachen, gereist werden, statt selbst zu reisen, oder einfach daheimzubleiben und tagaus, tagein meine kleinen Brötchen zu backen – als einzige Abwechslung mal mit Kürbis- und mal mit Sonnenblumenkernen –, das stand für mich nie zur Diskussion. Das stand nicht einmal nach Michaels Ermordung zur Disposition. Es wäre für mich einem lebenslangen Tiefschlaf gleichgekommen.

Neue Grenzerfahrungen üben auf mich schon immer einen unwiderstehlichen Reiz aus. Erst im Extrem spüre ich mich ganz und genieße die neuen Dimensionen, die mir das Leben offenbart. Das geschieht nicht nur vor oder während ungewisser Reisen, sondern oft auch im Kleinen. Beispielsweise damals, als ich mich probewürgen ließ von einer viereinhalb Meter langen Felsenpython. Schon nach nur sechzig Sekunden drückte sie mich an meine Lebensgrenze, und mein Freund Klaus musste mich von ihr befreien, indem er das Tier vom Schwanz her abwickelte. Das hatten wir vorher genau besprochen.

Unvergessen auch das mehrmalige Fangen von Wildschweinen mit der Hand. Nachdem Bär, Wolf und Luchs aus fast allen deutschen Wäldern verbannt worden sind, ist das Wildschwein für mich das letzte verbliebene Urviech. Es mit der Hand zu fangen, statt es im Zoo oder beim Schlachter zu betrachten, ließ meinen Blutdruck Salti schlagen.

Im Loch und gut getarnt auf die Rotte zu lauern und mich zu beherrschen, wenn die Sauen, Keiler, Überläufer und Frischlinge vor mir herumwuseln, die Alten monströs wie Mammutbabys in grauer Vorzeit, gierig den Ködermais schmatzend, mir atemnah ihre beachtlichen Gebisse präsentierend und mich die Folgen erahnen lassend, was geschähe, wenn ich mit den Hauern engeren Kontakt einginge, und dann noch geduldig auszuharren und sie nicht gleich an den verlockenden Vorderläufen zu fassen, sondern abzuwarten, bis sie mir die Hinterläufe präsentieren, war schon mal ein erregendes Vorspiel.

Das wurde dann augenblicklich zum Hauptakt, wenn ich beide Hinterbeine fest ergriffen hatte. Ein Gefühl wie ein Stromschlag. Solcher Ruck ist gewaltig. Wenn man die Arme gestreckt und nicht angewinkelt hat, sodass sie den schussartigen Zug abfedern können, würden sie garantiert ausgekugelt. So gewaltig wirken die Kräfte. Ein degeneriertes deutsches

Hausschwein würde sich wahrscheinlich die Beine ausrenken und quiekend liegen bleiben. Nicht so die Naturschweine, das Schwarzwild. Da ist es sehr schnell der Fänger, der wegen ausgekugelter Arme auf der Strecke bleibt und der Gefahr ausgesetzt ist, dass das Opfer und die ganze übrige Schweinebande über ihn herfallen, sich revanchieren und ihn tranchieren.

Die Wildschweine katapultierten mich aus dem Loch wie der Schleudersitz den Jetpiloten und zogen mich mit ungeheurer Kraft durch die Umgebung. Bis ich sie losließ. Dann stieben sie aufgebracht quiekend und grunzend davon.

Nie ging es mir darum, die Tiere als Jagdbeute zu betrachten. Allein und unbewaffnet hätte ich sie auch kaum endgültig besiegen können. Dann hätte ich mich an Frischlinge und Überläufer halten müssen, verbunden mit dem Risiko, von den Bachen angegriffen zu werden. Ich missbrauchte die Schweine als Kickmomente, als Labsal für mein Selbstvertrauen. Aber in echter Hungersnot hätte ich wieder eine Überlebenschance mehr.

Zu solchen Direktbegegnungen mit mir überlegenen Tieren zählt auch das Treffen mit dem Jaguar in Brasilien. Er hatte sich durch ein Brummeln angekündigt. Ich konnte das Geräusch nicht einordnen. Verdammte Schwerhörigkeit. Sehen konnte ich nichts, es war dunkel. Dass es von einem Tier stammte, war sicher. In Erwartung eines größeren Affen kletterte ich auf einen Baum. Ich nahm die Kamera mit und träumte von einem Bild in der Art »Affe schaukelt in Rüdigers Hängematte«.

Was sich dann im Licht meiner Taschenlampe bot, ließ mich zunächst erstarren. In meinem Lager stand ein Jaguar, der sich mein Fleisch einverleibte, das ich mir am Abend braten wollte. Mich nahm er nicht wahr. Mir war klar, dass ich keine Chance hatte, wenn die Katze zu mir raufkäme. Aber wie schon so oft fächelt mein Schutzengel meine Ausdünstungen mit seinen Flügeln in die Baumkronen. Oder der Fleischduft übertönte sie.

Sehr schnell wurde meine Starre von großer Ehrfurcht abgelöst. Ich hockte dort oben mit einer Mischung aus beherrschbarer Angst und großer Dankbarkeit und Faszination. Wer von all den Milliarden Menschen hatte dergleichen je erleben dürfen? Niemand. Nur ich. Oder vielleicht ein paar Indianer. Oder Humboldt.

Ich machte die Fotos. Blitze, das wusste ich, sind für Tiere etwas Natürliches.

Erst morgens zog die große schöne Katze weiter. Während der ganzen Reise war ich nur noch von einem einzigen Gedanken beseelt: Hoffentlich sind meine Fotos etwas geworden! Sonst glaubt mir wieder einmal niemand die Geschichte. Berufshandicap aller Grenzgänger. Und LED-Kameras waren noch nicht erfunden.

Ich hatte Glück. Die Bilder waren gelungen. Und da erst sah ich, dass es sogar *zwei* Jaguare gewesen waren. Im kargen Kegel meiner Lampe hatte ich das nicht wahrgenommen.

Wer sich nach solchen Urerlebnissen sehnt, der muss sich von den ausgetretenen Pfaden lösen. Meine Unternehmungen unterschieden sich von handelsüblichen Reisen schon allein dadurch, dass ich sie selbst erdacht und geplant hatte und auf Pfaden gewandelt bin, quasi querbusch statt querbeet, die nicht schon irgendwo vorgetrampelt, nachlesbar, ausgeschildert und dann leicht wiederholbar waren. Dieser Reiz des Unbekannten ließ sich noch steigern, wenn ich die Ausrüstung auf ein Minimum (bis gar nichts) reduzierte. Je weniger desto herausfordernder. Wie frei lebende Tiere. Natürlich, animalisch. Survival.

Gefahr erkannt, Gefahr gebannt

Um meine Überlebenschancen nicht unter den Nullpunkt zu treiben und stattdessen lieber dem vorzeitigen Tod ein Schnippchen zu schlagen, begannen alle Vorhaben mit der Analyse sämtlicher denkbarer Gefahren. Beispiel Atlantiküberquerungen. Die Risiken waren klar: Schiffbruch, Einsamkeit, Wassermangel, Kälte, Hitze, Dunkelheit, Sturm, Windstille, Salz, Dauer, Über-Bord-Gehen, Piraten, Kollisionen, Krankheit, Knochenbruch. Nicht zu unterschätzen der Ruf der verlockenden Sirenen auf irgendwelchen Inseln und die Macht des inneren Schweinehundes. Den muss man besonders gut kennen und wissen, ob man ihn unter Kontrolle hat. Die richtige Selbsteinschätzung ist die fundamentale Voraussetzung für das Gelingen eines jeden Vorhabens.

Ist diese Gefahrenliste angefertigt, heißt es, alle Risiken zu minimieren durch gezieltes Training und Bildung. Das ist so spannend wie die Reise selbst. Abenteurerschach, Denksport.

Um mir meine Fähigkeit, Lösungen für schwierige Situationen zu finden, zu bewahren und zu stärken, bin ich begeisterter Denkaufgaben-Knacker. Hier eine Kostprobe:

Bruno hat zwei Geliebte. Die eine wohnt im Süden, die andere im Norden, Bruno lebt in der Innenstadt. Um sie zu besuchen, muss er die S-Bahn nehmen. Er ist sich nicht schlüssig, welche der Frauen er mehr liebt, und will das die S-Bahn entscheiden lassen (solche Leute gibt es tatsächlich). Er verlässt sein Haus zu völlig unregelmäßigen Zeiten, ohne je auf die Uhr zu schauen. Er nimmt den Zug, der zuerst einläuft, sobald er den Bahnsteig betreten hat. Die Züge fahren immer minutiös pünktlich.

Nach einigen Tagen stellt er erschrocken fest, dass er bei der einen Geliebten 20-mal war, bei der anderen nur zweimal. Er möchte aber keine wirklich benachteiligen und ist sich sicher, dass sich das irgendwann ausgleichen und er bei beiden gleich oft auftauchen wird. Hat er recht oder irrt er? Warum?

(Lösung: Die Züge in die eine Richtung fahren immer um zehn nach, 20 nach, 30 nach usw. Die Züge in der anderen Richtung fahren immer um elf nach, 21, 31, 41 usw.

Die Chance, den ersten Zug zu erwischen, währt jeweils neun Minuten. Den anderen erreicht er nur, wenn er in der einen Minute nach Abfahrt des ersten Zuges eintrifft. Die Chance bleibt also immer 1:9.

Solche Beispiele bieten sich auf der Homepage des Gedächtnisexperten Markus Hofmann (www.markus-hofmann.de) zuhauf.

Aber bleiben wir beim Ozean. Da ich kein Ingenieur, aber Pragmatiker bin, habe ich mir immer zuerst ein Modell meiner Schiffe angefertigt. Etwa 1:20. Allein das ist schon berauschend, weil man schnell merkt, wo Korrekturen erforderlich sind. Beim Modell kosten sie kaum etwas, beim Originalboot wären sie teurer.

Von entscheidender Bedeutung waren die größtmögliche Bruchfestigkeit und Unsinkbarkeit. Sollte es dennoch in seine Bestandteile zerlegt werden, weil ein Ölfrachter mit Panamaflagge und unqualifizierter Besatzung es einfach überrollte, mussten genügend Kleinelemente unsinkbar und genügend Seil vorhanden sein, um die Bruchstücke miteinander zu verbinden. Theoretisch hätte ich auf den mit Trinkwasser gefüllten Kanistern (und dem einen voller Weingummi), die immer zur Ausrüstung gehörten, nach Amerika treiben können. Sie enthielten mindestens je zwei Liter Luft. Damit waren sie unsinkbar. Dreißig davon besaß ich, und mit den Seilen hätte ich sie zum »Floß« zusammenzurren können, zum *Schwimmenden* statt zum *Fliegenden* Teppich. Im Extremfall hätte ich damit Amerika erreichen können.

Gegen die Einsamkeit gab es ausreichend Arbeit: Tretanlage bewegen, navigieren, angeln, kochen, reparieren, Kurs berechnen, bekämpfen.

Für den Wasserbedarf hatte ich ausreichend Trinkwasser in den besagten Kanistern mit. Es war konserviert, damit es auch nach mehreren Monaten noch trinkbar war. Wann immer ein Kanister ausgetrunken war, konnte ich ihn mit Regenwasser wieder auffüllen. Das Dach der Hütte hatte Regenrinnen. Sie endeten in den jeweils leeren Kanistern. Ich war mit 400 Litern abgefahren und mit 400 Litern angekommen.

Notfalls konnte ich mithilfe der Sonnenhitze aus Salzwasser Trinkwasser zaubern. Dafür sorgte meine »Wasserpyramide«. Ich füllte sie mit einem Liter Salzwasser und stellte sie in die Sonne. Die Hitze sorgte dafür, dass das Wasser verdunstete, an der Innenseite der Glasscheiben kondensierte und als destilliertes Wasser in ein Seitengefäß ablief. Um dieses salzlose Getränk genießen zu können, musste ich es nur mit etwas Salzwasser versetzen. Oder ein paar Haferflocken meines Müslis unterrühren. Dann war es leckeres Trinkwasser. Genau betrachtet hatte ich Wasser zu jeder Zeit im Überfluss. Ich hätte damit unter verdurstenden Schiffbrüchigen einen regen Handel betreiben können.

Gegen Kollisionen schützten mich der Radarreflektor und nachts ein Toplicht. Gegen das Ertrinken war ich Tag und Nacht, bei Sturm und Windstille angeleint, um nicht über Bord zu rutschen, und ich hatte eine mehrschüssige Schrotflinte an Bord gegen Piraten. Und für die Seele führte ich eine Plastiktanne mit, um ein Stück Schwarzwald vor Augen zu haben und nicht dem Heimweh zu erliegen.

Trotz aller Vorbereitungen musste eine Reise möglichst noch ein Restrisiko für mich bergen. Das erhöhte den Reiz, machte den Kick aus. Sonst wären meine Adrenalindrüsen kläglich verkümmert. Sie haben übrigens inzwischen eine beachtliche Größe entwickelt.

Einige solcher Kicks waren beispielsweise die *Dauer* der Reisen, die Manövrierfähigkeit bei Ausfall der Windsteueranlage und Ruder, die Belastung von Mensch und Material bei schwerem Sturm, Krankheit, Unfall. Jedenfalls wurde es nie langweilig und risikolos.

Und was war für mich eine Art Quintessenz aller Reisen? Vielleicht diese: Naturgewalten und Tiere sind kalkulierbar. Das einzig Unkalkulierbare bleibt der Mensch. Ihn kann man nur einplanen, wenn man mit dem Schlimmsten rechnet und sich überraschen lässt, wenn es weniger schlimm kommt. So erwarte ich beispielsweise keine Millionenauflage dieses Buches. Grund: die unkalkulierbare Spezies Mensch, Kritiker, Kunde, Leser. Aber gern lasse ich mich positiv überraschen.

Partnerschaften und Flops

Annette mal wieder.

»Ich habe im Internet ein Zitat gefunden, das womöglich in dein Kapitel über Partnerschaften passt.«

»Dann lies mal vor.«

»›Wenn du Begleiter auswählst, dann wähle keine, denen du nicht auch dein Leben anvertrauen würdest – denn genau das könnte passieren.‹«

Ja. Okay. Schreib ich mir auf.

»Was meinst du, von wem das ist?«

Ihr süffisantes Lächeln verrät Großes. Goethe kommt nicht infrage. Das ist mir gleich klar. Dafür ist das Zitat zu praxisnah. Also rate ich ins Blaue. »Paulo Coelho.« Das Lächeln verbreitet sich um ein paar Zentimeter. »Mark Twain«, schiebe ich hinterher. Wenn der auch nicht der Urheber ist, bleibt mir nur noch Erich Kästner. Mehr kenne ich nicht.

»Nein. Rüdiger Nehberg.« Da biste baff.

Und damit wären wir schon beim Thema. Denn die Partnerwahl ist ein wichtiger Gesichtspunkt vieler Reisen. Erst recht solcher mit nur einem einzigen Partner, von dem der andere im Notfall absolut abhängig ist.

Ich hatte nie mehr als zwei Partner. Und von denen hatte dann jeder seine festgelegten Aufgaben. Wolfgang Brög, Uli Krafzik und Klaus Denart waren Filmer und Allrounder. Sie dokumentierten die Reise. Andreas Scholz war Ruderer, um das schwere Floß auf Nil und Omo manövrierbar zu halten. Horst Walther war Chemiker. Er zauberte aus trockener Wüstenluft Trinkwasser. Daniel Grolle war Tonmann, damit wir keinen Stummfilm ertragen mussten. Christina Haverkamp war Kapitänin auf dem Bambusfloß und blonde Amazone im Regenwald, wo sie die argwöhnischen Blicke der Goldbosse von mir auf sich ablenkte. Und Annette ist nicht nur im Regenwald unschlagbar, wenn sie mit Vogelspinnen und Schlangen rumschmust, sondern auch als Generalmanagerin von TARGET. Da wo bei mir altersbedingt schon etwas Power geschrumpft ist, entwickelt sie ein Vielfaches an Energie und überbordendem Ideenreichtum.

Immer half jeder jedem. Wir waren gleichberechtigte Partner. Jeder war sich des Risikos der jeweiligen Reise bewusst und machte sie auf eigene Verantwortung. War ein Ausstieg während der Reise möglich, konnte jeder davon ohne genauere Begründung Gebrauch machen. So jedoch nur einmal geschehen am Blauen Nil, als Hinrich Finck sich den Strapazen nicht mehr gewachsen fühlte. Sein gutes Recht. Das alles war mehr oder weniger per Vertrag festgelegt. Wie es sich für wirklich gute Verträge gehört, betrugen sie kaum mehr als eine Seite. Sogar Nichtjuristen konnten sie verstehen, obwohl oder weil wir sie ohne deren Hilfe und Jurastudium formuliert hatten. Der beste Beweis für ihre Güte: in keinem Falle mussten wir sie wieder hervorkramen und Haare spalten.

Wegen des gleichen Risikos für alle hatte jeder gleiches Stimmrecht. Ich war allenfalls Primus inter Pares, weil Idee, Vorgeschichte, Planung, Bootsbau, Beziehungen und manchmal die Finanzen von mir stammten. Dafür hatte *ich* das Vorrecht, ein Buch über die Expeditionen zu schreiben, während die Filmer ihre Filme uneingeschränkt auswerten durften. Darüber hinaus war es jedem unbenommen, mit Vorträgen aufzutreten. So schien mir garantiert, dass sich jeder nach besten Kräften bemühte, die Vorhaben erfolgreich zum geplanten Ende zu bringen. Danach war jeder frei wie Eheleute nach der

Scheidung. Nie wurde ich da enttäuscht. Entpuppte sich doch einmal ein Partner als nur bedingt zuverlässig oder unkollegial, trennte ich mich von ihm. Zum Glück bemerkte ich die Fehlbesetzungen immer noch rechtzeitig vorm Start. Haarscharf vorher.

Diesen Fall hatte es aber nur zwei Mal gegeben. Und ausgerechnet bei derselben Aktion. Es waren Leute, mit denen ich die Atlantiküberquerung auf dem massiven Baumstamm bewältigen wollte. Der eine entpuppte sich als ganz besonders unsozial gegenüber einer Mitarbeiterin in der eigenen Firma. Eigentlich ging mich seine Firma ja nichts an. Aber solches Verhalten verursacht bei mir dicken Hals und Pickel. Ich hätte nicht mehr guten Gewissens für die Rechte der Indianer kämpfen können, wenn ich im eigenen Umfeld zu solchen Sauereien schweige.

Seine Unfairness bekam ich bald auch selbst zu spüren. Er fehlte beim Bau, weil seine Firma »die volle Anwesenheit« erforderte. Bezeichnenderweise hatte er immer nur dann Zeit – »Aber nur auf einen Sprung« –, wenn sich ein Filmteam angesagt hatte. In Wirklichkeit aber war er gar nicht in seiner Firma, sondern machte mit seiner Frau Urlaub an der Ostsee!

Aber das war noch nicht alles, obschon ausreichend für den Rausschmiss. Er schnorrte privat und heimlich Sponsorengelder, die er auf mir unbekanntem Konto sammelte. Vereinbart war, Finanzen immer offen zu regeln und *gemeinsam* zu nutzen. »Ich wollte dich doch nur überraschen!«, erklärte er, als ich den Betrug entdeckte.

»Danke, das ist dir auch gelungen.«

Dabei ging es nicht einmal um hohe Summen, sondern eher ums Prinzip. Wenn man auf einer ungewissen Reise hundertprozentig aufeinander angewiesen ist, dann erwarte ich diese Zuverlässigkeit bereits vorher. Bei jeder Gelegenheit und unter allen Umständen. Wenn schon Sponsorengelder, dann möchte ich zumindest wissen, welche Gegenleistung dafür erwartet wird. Ich meide Werbung nach besten Kräften, weil mir die allgegenwärtigen und nervenden Werbesprüche auf sämtlichen freien Flächen wie Segeln, Hemdkragen oder Stirnen der Sportler widerstreben.

Zu diesem ganzen Übel kam noch hinzu, dass er trotz klarer, anders lautender Vereinbarungen doch plante, ein Buch zu schreiben.

»Nein, nicht *ich*«, hatte er einer Bekannten anvertraut, »meine Frau wird es schreiben. Ich diktiere es ihr.« Witzig.

Bei so viel Heimtücke schloss ich nicht aus, von ihm unterwegs über Bord gestoßen zu werden. Dann hätte er das Buch sogar völlig legitim selbst schreiben können, weil im möglichen Todesfalle der Überlebende die alleinigen Gesamtrechte hätte.

Was will man mit solchen Partnern? Normalerweise habe ich Bewerber in ausreichender Zahl. Aber so kurzfristig war damals niemand abkömmlich. Jeder, der ursprünglich immer »unbedingt« mitfahren wollte, sagte ab. Es bestätigte sich einmal mehr die goldene Regel »Wenn du eine *zuverlässige* Hand brauchst, dann nimm die am Ende deines Arms«.

In der Kürze der noch verbliebenen Zeit bis zum Start in Mauretanien suchte ich nach dem Rausschmiss fieberhaft einen anderen Partner, denn ich war davon überzeugt, dass ich den schweren Baum nicht allein nach Brasilien brächte. Immerhin war er 18 Meter lang und mehrere Tonnen schwer, das begehbare Deck mal gerade 60 Zentimeter breit und ohne Reling.

Bei der Suche geriet ich vom Regen ins Kanalrohr, oder wie das heißt. Ich entschied mich für einen jungen Mann, der sich an Land oft als sehr hilfreich erwiesen hatte im Hinblick auf die Zusammenarbeit mit Behörden. Da er aber am Bootsbau und an der Finanzierung keinerlei Anteil hatte, war er der erste

Partner ohne Nebenrechte. Ich war der Kapitän. Er war der Schiffsjunge. Zum Flop kumulierte alles unmittelbar vorm Start.

Ein Frachtschiff hatte mich und meinen Stamm von Rotterdam nach Nouakchott in Mauretanien gebracht. Von dort wollte ich nach Brasilien starten. Meine damalige Freundin und heutige Frau Annette und Martin (Name geändert) waren per Flugzeug vorausgeeilt. Annette, um mir zu helfen, Martin, um dann mitzufahren.

Gleich spürte ich eine große Spannung zwischen Annette und ihm. »Der Typ ist unerträglich«, flüsterte sie mir zu, noch bevor sie Guten Tag gewünscht hatte. Und als sie frei sprechen konnte, sprudelte es aus ihr heraus. Story um Story, ein ganzes Buch, obwohl die beiden nur drei Tage gemeinsam unterwegs gewesen waren.

Beispiel. In der letzten Nacht hatten sie sich das einzige freie und schmuddelige Hotelzimmer teilen müssen. Dessen Inventar: eine fleckenstrotzende Matratze und ein versiffter Teppich von der Größe eines Handtuchs. Eine kleine Sehenswürdigkeit, eigentlich wert, zum Naturschutzgebiet erklärt zu werden, weil sich darin ein artenreiches Biotop angesiedelt hatte.

»Du musst leider auf dem Teppich schlafen«, verkündete er mit größter Selbstverständlichkeit. »Denn auf dem Boden, das hält mein Rücken nicht aus.«

Annette war müde. Also nahm sie den Teppich. Mit vier Lagen Zeitungspapier abgesichert gegen das darin sich tummelnde Weltkulturerbe.

Annette wollte schlafen. Er wollte lesen. Grelles Licht. Sein Kompromiss: »Das Licht bleibt an. Ich will lesen.«

Dann erlebte ich es selbst. Mit Blick auf die arme Bevölkerung in den Straßen der Hauptstadt Nouakchott, hatte er nur ein Urteil. »Die sind alle selber schuld.«

»Warum?«

»Sie haben es so gewollt. Sie haben es sich vor ihrer Geburt selbst ausgesucht. Jeder Mensch kann vor seiner Zeugung endgültig entscheiden, in welchen Verhältnissen und an welchem Ort er geboren werden will. Das ist wissenschaftlich erwiesen. Und ich habe mich für gut situierte Verhältnisse und Hamburg-Blankenese entschieden.«

Das aus dem Munde eines gebildeten (?) 26 Jahre alten Menschen. Mir blieb vor Staunen der Mund offen und die Spucke weg. Endlich weiß ich, warum Hamburg in den PISA-Studien so miserabel abschneidet. Weil man solche Leute befragt.

Blauäugig, wie es manchmal meine Art ist, hoffte ich noch auf einen Witz und dessen Erklärung. Oder auf »Versteckte Kamera«. Aber nein. »Selbst schuld«. Das war so. Wissenschaftlich erwiesen. Und damit basta.

Spätestens damit hatte er sich auch bei mir disqualifiziert. Und als ich notgedrungen überlegte, wann ich es ihm sage und ob ich als letzten Ausweg einen der zahllosen Fischer anheuern sollte, schob er bereits den nächsten Gag nach und händigte sich damit selbst die fristlose Kündigung aus.

»Hey, ein Bier!«, grölte er dem Kellner lautstark zu und ließ sich krachend auf einen Stuhl des Straßenrestaurants fallen. Das Hemd auf der Schulter, nackter Oberkörper.

»Zieh dein Hemd an und trink eine Cola. Niemand läuft hier oben ohne rum, und Alkohol ist in der Öffentlichkeit verboten. Mauretanien ist ein muslimisches Land.«

»Das ist mir echt scheißegal. Ich bin Deutscher und will ein Bier. Wenn die hier was gegen Alkohol haben, ist das nicht mein Problem.«

Im Nachhinein plagt mich wegen Martin ein schlechtes Gewissen. Denn eigentlich schulde ich ihm großen Dank. Infolge seiner sehr speziellen Auftritte bin ich allein gefahren und habe einmal mehr erlebt, dass man oft viel mehr kann, als man sich zutraut.

Auch später, bei den Mitarbeitern der Fahrenden Krankenstation in Afrika, mussten wir uns lange in Geduld üben, ehe wir die Idealbesetzung beisammen hatten. Es macht schon einen gewaltigen Unterschied, ob ein deutscher Bewerber sich in seinen Gedanken sozial engagieren möchte oder ob er/sie dann auch wirklich durchhält. Unsere erste Ärztin, nennen wir sie Marie, war solch ein Reinfall. »Die Aufgabe dort in der Danakilwüste schickt mir das Schicksal«, erklärte sie noch euphorisch, als wir sie kennenlernten. »Ich bin geschieden und gehe bald in Rente, nun aber bekommt mein Leben noch einmal einen Inhalt.«

Dieser Inhalt war in der afrikanischen Hitze, den Entbehrungen und dem Staub schnell bedeutungslos geworden.

Beinahe wöchentlich flatterten uns Mails ins Haus: Wenn ich keinen neuen Wagen bekomme, kündige ich … wenn ihr die (von ihr viel zu hoch vereinbarte) Miete runterhandelt, kündige ich … wenn ich keinen Hüftgürtel für die rauen Straßen kriege, kündige ich … wenn ihr nicht einen Ein-Kubikmeter-Wassertank in den Unimog bauen lasst, dann kündige ich …

Wassertank! Dazu muss man als Leser wissen, dass es an allen Einsatzorten Brunnenwasser und in Flaschen abgefülltes Trinkwasser gibt.

Um der guten Frau diesen inneren Widerstreit zu erleichtern, wollte ich ihr meinerseits kündigen. Nach der zehnten Nötigung saß ich schon am PC. Da rief ihre Kollegin aus Äthiopien an. »Marie ist sang- und klanglos verschwunden! Wir haben hier schon das Schlimmste befürchtet. Aber eben rief mich ihre Tochter aus Deutschland an und wollte die Ankunftszeit ihrer Mutter in Hannover wissen. Sie hat uns hier einfach sitzen lassen.«

Fast hatte die Kollegin das schon befürchtet. »Zuletzt war sie davon besessen, dass die Menschen sie mit einem Voodoo-Fluch belegt haben.«

Studierte Medizinerin. So viel zum Thema Voodoo, Traum und Wirklichkeit.

Nach den Flops nun die Tops. Besonders vier langjährigen Weggefährten schulde ich Dank für unvergessliche Zeiten. Sie haben mein Leben mitgeprägt. Es sind genau solche Freunde, auf die ich mich in jeder Stunde verlassen konnte, denen ich mein Leben in jeder Situation anvertrauen konnte. Und die sich auch auf mich verlassen konnten. In meinem Rückblick dürfen sie nicht fehlen.

Und ihnen möchte ich ein paar Zeilen mehr widmen.

Da war und ist Klaus Denart. Als ich den Blauen Nil in Äthiopien befahren wollte, warnte die Deutsche Botschaft: »Zehn Versuche hat es bereits gegeben. Alle scheiterten.« Es folgte eine Liste mit Namen und Gründen des Scheiterns. Die Vorfahrer waren ertrunken, ermordet, von Krokodilen gefressen worden, hatten Streit oder unzureichende Fahrzeuge gehabt. Die Liste war wie eine Gebrauchsanweisung. Ich brauchte nur die Konsequenzen aus deren Fehlern zu ziehen.

Einer dieser Vorfahrer war Klaus Denart aus Kiel. Er hatte es mit einem Freund in einem umgebauten stabilisierten Sarg (!) versucht. Er war jung gewesen, 22, hatte kaum Geld gehabt, aber Unternehmungsgeist. Deshalb der Sarg. In Äthiopien wurde viel gestorben. Särge waren billig. Dickere Bretter, Schrauben und eine Gummidichtung ebenfalls. Nach mehr als der halben Strecke wurde der Sarg von den Wassergewalten auf einen spitzen Fels gesetzt und gespalten.

Der Umbau zum Floß brachte zwar viel Hoffnung, aber zu wenig Auftrieb. Es schwebte, statt zu schwimmen. Den Krokodilen lief bereits das Wasser im Mund zusammen. Aber der Festschmaus entging ihnen. Die beiden Freunde quälten sich durch die zerklüfteten Berge zu Fuß heimwärts. Irgendwann wurden sie von Einheimischen gerettet.

Klaus wurde mein bester Informant. Es waren seine Kenntnisse, die mich entsprechend planen ließen. Gern wäre ich mit ihm zusammen gefahren. Aber das erlaubte seine Rosi nicht. Und prompt misslang mein erster Befahrungsversuch. Klaus' Erfahrungen hätten meinen Übermut gebremst, als ich mit dem unsinkbaren, aber plumpen Floß-Boot unter einen gewaltigen Baum geriet, der in rasendem Wasser quer zur Strömung lag. Ich wollte rechts daran vorbei. Das Wasser hatte andere Pläne und presste mich samt Fahrzeug und Ausrüstung innerhalb von zwei Sekunden unter den Baum. Da verkeilte es sich, während ich, Glück ohne Ende, mit irrem Tempo durch das Geäst hindurchgespült und nach fünfzig Metern wieder an die Oberfläche katapultiert wurde. Ich hatte das Hindernis falsch eingeschätzt. So verlängerte ich die Liste der misslungenen Versuche und schaffte es erst beim zweiten Anlauf, zwei Jahre später.

Als ich wieder nach Äthiopien und die Danakilwüste durchqueren wollte, gab Rosi ihrem Klaus Ehe- und Familienurlaub. Und da war klar, wir machen das zusammen. Er kannte bereits einen Teil dieser Wüste und hatte mir oft von ihren Reizen erzählt. Und so folgten vier Monate einer unvergesslichen Karawane mit eigenen Tieren, lebenslang verschweißenden Situationen mit mehreren Überfällen, Krieg, wochenlanger »Obhut« unter den Freiheitskämpfern in Eritrea und Entbehrung pur. Insgesamt ein Fußmarsch von über vier Monaten.

Die Freundschaft, die hier begann, währt nun dreieinhalb Jahrzehnte. Sie ist unzerbrechlich. Klaus' Aufgabe damals war, einen Film zu drehen. Das ist ihm gelungen. Beste Sendezeit WDR. Aber weder er noch ich hätten uns damals vorstellen können, dass die Reiseerlebnisse unser beider weiteres Leben komplett verändern würden. Er gründete *Globetrotter Ausrüstung*, Europas größtes Outdoorunternehmen.

Klaus' Genie wurde mir klar, als er genau die beiden richtigen Mitarbeiter, nämlich Andreas Bartmann und Thomas Lipke, in die Unternehmensstruktur einband und an allen Entscheidungen beteiligte. Seit Klaus sich aus der Firma zurückgezogen hat, gehört ihnen die Firma.

Im Gegensatz zu Klaus gründete ich die Menschenrechtsorganisation TARGET mit dem Ziel der Beendigung des Verbrechens Weibliche Genitalverstümmelung. Dort in der Danakilwüste hatten wir zum ersten Mal davon erfahren. Dorthin kehrte ich mit Annette zurück. Wir schafften es, die sechzig Clanführer zur Ächtung des Brauchs zu bewegen. Das war unser erster Erfolg, der später in einer Fatwa gipfelte, einem Rechtsgutachten, durch die Elite des geistlichen Islam, die den Brauch als Verbrechen, als Sünde ächtete. Klaus ist Mitbegründer von TARGET.

Dann ist da Wolfgang Brög. Kennengelernt haben wir uns durch Empfehlung von Peter Lechhart, Bergführer, mein Erstausbilder im Klettern an menschenunwürdigen Felsen. »Wenn du für den Omo-Fluss in Äthiopien einen zuverlässigen Kameramann brauchst, dann kann ich dir den Wolfgang empfehlen. Der filmt noch an vereisten Steilwänden bei Sturm der Stärke 10. Oder wenn ihr kentert, filmt der unter Wasser weiter.«

Dass Wolfgang, gelernter Feinmechaniker, tatsächlich diese Qualitäten mitbrachte, stellte sich schon sehr bald heraus. Drei Episoden mögen das verdeutlichen.

Als eine Flusspferd-Mama unerwartet das Boot angriff und hineinbiss, um ihr scheinbar bedrohtes Junges zu verteidigen, filmte er die Szene im Stehen und wäre bei dem Rums der beißwütigen Mama beinahe zwischen deren Hauer geraten. »In solchem Moment hat man nicht die Zeit, sich erst noch zu setzen«, war sein Kommentar, und er freute sich über die gelungene Filmsequenz. Er hatte die Kamera auch bereit, als wieder einmal unerwartet ein Krokodil von unten auftauchte und Andreas das Paddel aus der Hand riss.

Nur einmal versäumte er eine Szene. Das war, als in dichtem Waldgestrüpp eine Gruppe Flusspferde wie eine Steinlawine auf ihn zudonnerte, um sich in den Fluss zu stürzen. Er hatte ihr im Weg gestanden, musste zur Seite springen.

Die Staubwolke senkte sich. Wolfgang kam wieder zu sich. Dann sein unüberhörbarer Fluch: »Scheiße! So eine geile Szene, und die ist mir durch die Lappen gegangen. Die Kamera ist weg.«

Ja, wo war die Kamera? Hatten die Hippos sie mitgerissen ins Wasser? Dann ade, Film! Oder hatten sie sie in den Boden gestampft? Kurz und gut – sie hing im Baum. Am Kabel, das Kamera und Akku verband, hatte sie sich im Geäst verfangen.

Dieses Wunderkabel hat ihm die Kamera noch ein zweites Mal gerettet. In glatter Strömung krachte das Boot unerwartet auf einen Unterwasserfelsen. Ohne Voranmeldung. Die Kamera lag griffbereit, aber ungesichert an Deck. Schwupp rutschte sie ins Wasser. Gleichzeitig drehte sich das Boot um die eigene Achse. »Die Kamera!!!«, schrie ich. Mit einem Griff hatte Wolfgang noch gerade das Kabel zu fassen bekommen. In allerletzter Sekunde. Die Kamera selbst war bereits im Wasser gewesen.

Schnell an Land, alles trocknen.

Etwas flussabwärts schwamm Sepp, unser Hund an Land. Ihn hatten wir in diesem Moment gar nicht mehr auf der Rechnung. Er war neben der Kamera ins Wasser gerutscht. Die Krokodile hatten ihn verpasst.

Wolfgang hatte sich bereits auf einem spiegelglatten Basaltfelsen eingerichtet und zerlegte seine Kamera. »Wenn ich sie komplett auseinandernehme und jede Schraube trockne, kriege ich sie vielleicht wieder zum Laufen. Sonst ist sie hin.«

Mikroschräubchen für Mikroschräubchen nahm er das Gerät auseinander. Gerade legte er die zwölfte kaum sichtbare Winzlingsschraube zu den anderen elf »unsichtbaren« Winzlingsschrauben, als Sepp sich seines Lebens freute, zu ihm auf den Felsen sprang und mit dem Schwanz die Schrauben in eine Felsspalte wedelte.

Was nun? Wolfgangs Flüche habe ich nicht verstanden. Sie waren bayerisch. Aber bestimmt bedeuteten sie eine Lebensbedrohung für Sepp, der sie verstanden und sich sofort in Sicherheit gebracht hatte. Und es war Kampf gegen Tränen und Verzweiflung. Dann die Rückgewinnung der Fassung. »Lasst mich jetzt mal vollkommen in Ruhe!«

Was dann geschah, werde ich nie vergessen. Er entnahm dem Filmmotor einen Magneten. Den band er an einen dünnen Bindfaden. Damit tastete er die einen Meter tiefe, nur fünf Zentimeter breite Spalte ab. Per Hand und Auge war da nichts zu machen. Nur mit Magnet und Glück. Mit stoischer Geduld pendelte er die Spalte ab. Und tatsächlich verfingen sich im Laufe von dreißig Minuten zehn der zwölf Schrauben. Jede einzelne wurde geküsst, getrocknet und sicherheits- und hundehalber in ein Döschen gepackt.

Zwei Schrauben blieben in Afrika zwischen dem Basalt verschwunden. Heute sehen wir sie als unseren Beitrag zur Entwicklungshilfe. Aber damals brachten sie uns zur Verzweiflung. Da nutzte auch eine weitere halbe Stunde Pendelns nichts. Und diese zwei fehlenden, wichtigen, über alles entscheidenden Schrauben schnitzte er aus Aluminiumdraht! Die Kamera funktionierte. Sepp blieb am Leben. Der Film bekam die gute Abendsendezeit im Fernsehen. Wir machten viele weitere Reisen miteinander. Heute hat Wolfgang ein Reiseunternehmen in Manaus (mail@amazonasreisen.de). Und er vertreibt die Filme über unsere gemeinsamen Reisen.

So. Und last but not least ist da Thomas Reinecke. Zwei

Meter groß. 100 Kilo Einwaage. Netto. Plusminus X. Aber alles Muskulatur. Wir kennen uns seit der TARGET-Gründung. Er wurde uns von *Greenpeace* empfohlen. Wir brauchten dringend einen Filmer. »Gebt mir drei Stunden Bedenkzeit«, bat er. Und genau nach drei Stunden kam sein Okay. Ein Glücksmoment. Schnell entpuppte er sich als zuverlässig, belastbar bis zum Gehtnichtmehr und immer guter Dinge. Sein Humor, unterstrichen von gewaltigen Gesten, ist inzwischen in der gesamten Danakilwüste bekannt. Oder gefürchtet. Wenn Thomas erzählt und sechsjährige Mädchen auf ausgestrecktem Arm herumturnen lässt, dann schmunzeln sogar die Kamele. Und das will was heißen.

Nie vergesse ich die Geschichte, als Annette und er zu unserer Konferenz nach Djibuti kommen wollten. Weil ich mich mit dem Gesundheitsminister wegen dessen Unzuverlässigkeit gestritten hatte, verweigerte er den beiden die Einreise. »Deutsche brauchen ein Visum«, behaupteten die Grenzbeamten. Das stimmte zwar nicht, aber was will man machen, wenn sie das Gepäck wieder ins Flugzeug werfen und der Pilot schon »hupt«, weil er starten will.

Für meine Person hatte ich solche Schikane geahnt. Schließlich war ich der Verursacher. Deshalb war ich ein paar Tage früher über Eritrea eingereist. Das hatte der Minister nicht erwartet. Letztendlich kann er ja auch nicht an alles denken. Ich war also drin im Land und genoss längst den Schutz von Sultan Abdelkader Humad. Annette und Thomas mussten mit derselben Maschine zurück nach Addis Abeba.

Andernmorgens holten sie sich mit Vermittlung der Deutschen Botschaft das Visum bei der Djibuti-Botschaft, und noch am selben Tag kehrten sie zurück nach Djibuti. Thomas: »Lass uns halt nur das ganz kleine Sturmgepäck nehmen. Dann müssen wir nicht auf die Koffer warten und flutschen gleich durch.«

Dennoch entdeckte sie der Obergrenzschützer. Er schaute keineswegs überrascht. Das Visum interessierte ihn heute gar nicht mehr. »Der Befehl galt nur gestern.«

Als die beiden endlich am Tagungsort eintrafen, war die Konferenz längst in Gang. Thomas packte seine Kamera aus und drehte auf Teufel komm raus. Bei 45 Grad im Schatten. Der Schweiß lief ihm in Bächen die Beine runter, rein in die Schuhe, dass sie bei jedem Schritt quietschten.

Wenn Annette und ich, die wir eigentlich nur gesessen hatten, vor Erschöpfung sogar im Stehen einschliefen, dann krabbelte er noch mit seiner Ausrüstung auf die höchste Düne, »weil man da halt so eine schöne Totale hat«. Totale? Total gaga, finde ich.

Was uns an Thomas noch beeindruckt, ist sein Mitdenken. Viel kluger Rat stammt von ihm. Was, das sei hier nicht verraten. Sonst sehen wir alt aus.

Er ist nicht nur Filmer, sondern auch Dolmetscher für Französisch, Fotograf, lebendes Stativ, und wenn vor Hitze gar nichts mehr läuft, nicht mal mehr der Schweiß, dann zieht er aus seiner Outdoorhose (die mit den vielen Taschen) eine Instant-Erbsensuppe, macht sie heiß und lässt uns alle den verklebten Mund freispülen. Als Nachtisch gibt's dann eine Xitix Orange-Vitamintablette. Das hat der alles in seiner Hose. Aber so lässt sich's leben.

Wenn er sich so richtig in Fahrt geredet hat, kann es sein, dass er sich plötzlich fühlt wie der Sultan persönlich. Dann muss man ihn halt wieder runterholen. A propos »halt«. Das ist sein Lieblingswort. Er streut es in die Sätze wie ich früher das Mehl auf die Tische, damit die Teige nicht festklebten. Reichlich, als ginge der Vorrat niemals aus. Er könnte der Menschheit viel mehr mitteilen, wenn er dieses Füllwort aus seinem Repertoire streichen würde und die Zeit für sinnvollere Mitteilungen oder Geschichten nutzte.

Alternativ könnte er pro »halt« fünf Euro für TARGET spenden. Ist halt mal so'ne Idee von mir.

In Hamburg betreibt Thomas Reinecke ein perfekt an moderne Produktion angepasstes Filmstudio. Zusammen mit seiner Tima. Firmenname UC-TV. Das ist Englisch und heißt zu Deutsch: you see TV.

Thomas' Hobby ist das Gleitschirmfliegen. Kürzlich rief Annette ihn an.

»Hallo, Thomas, stör ich gerade?«

»Nein. Was kann ich für dich tun?«

»Wo bist du? Die Verbindung ist so schlecht.«

»Ich liege in Spanien in einer Felsspalte. Da bin ich eben mit dem Gleitschirm reingekracht. Ich kann mich nicht bewegen. Beide Beine sind gebrochen. Ich warte jetzt auf den Rettungswagen. Die Sanitäter werden allerdings Probleme haben, mich hier rauszuholen. Alles so verdammt steil und eng.«

Das ist Thomas – jetzt stolzer Besitzer mehrerer Nägel in einer seiner Fersen.

Nur eines macht mich als Survivor ihm gegenüber äußerst misstrauisch – und damit komme zum Schluss –, das ist sein Sparsinn. Vor allem wenn er auf Reisen betont, er möchte TARGET unnötige Hotelkosten ersparen. Dann schläft er nicht etwa auf der Straße. Nein, er teilt sich das Hotelzimmer mit Annette.

Das war der kleine Einblick in das Leben meiner Freunde. Bleibt nur noch die Hoffnung, dass die nicht mal ein Buch über mich schreiben.

Selbstbildnis

»Wie siehst du dich eigentlich selbst?«, wollte Thomas Frankenfeld wissen, als ich ihm von diesem Büchlein erzählte. Er ist Redakteur beim *Hamburger Abendblatt*. Seit vielen Jahren sind wir befreundet. Seine Berichte haben uns ein gutes Stück vorangebracht. Seine Ratschläge waren unbezahlbar. Er ist der einzige Journalist, bei dem wir auf die Autorisation von Interviewtexten verzichten, weil er noch nie eine Silbe missverstanden oder fehlinterpretiert hat. Das liegt zum einen daran, dass Islam und Politik sein Metier sind, zum anderen daran, dass er sich voll und ganz mit dem Thema Weibliche Genitalverstümmelung und unserer Strategie vertraut gemacht hat. Das Thema interessiert ihn nicht nur beruflich, sondern persönlich. Von Herzen.

Also. Wie sehe ich mich denn eigentlich selbst? Das ist schwer zu beantworten. Wer mag schon Fremden gegenüber sagen, wie er sich selbst einschätzt und bewertet? Beinhaltet es doch die Aufforderung zum seelischen Striptease, zur Ehrlichkeit. Oder zum Ausweichen, zum Schwindeln. Gern verschweigt man das Peinliche. Noch lieber wiederholt und betont man das Lobenswerte. Ich denke, dass das Büchlein insgesamt ein Spiegelbild meiner selbst ist. Da muss ich nicht alles und jedes, vor allem nicht alles Unmögliche, akribisch auflisten.

Aber fangen wir dennoch mal an mit dem Negativen. Allem voran wäre da meine Ungeduld zu nennen. Wenn nicht alles so abläuft, wie erhofft oder versprochen, kann ich schnell aus der Haut fahren. Ich bin kein geduldiger Mensch, kein typischer Unterhändler, der alles zehnmal durchkaut, ehe er es schluckt oder ausspuckt. Niemals könnte ich Verhandlungsführer auf wichtigen Tagungen werden. Für das Gepoker fehlen mir Geduld, Bereitschaft zu Winkelzügen oder der Wille, gute Laune und Freundschaft zu heucheln, wenn mein Gesprächspartner sie mir geraubt hat.

Dieses Manko habe ich schon auf den ersten Reisen in den Orient festgestellt. Es widerstrebte mir, lange um Preise zu feilschen. Ich wusste, was mir der zu erwerbende Gegenstand wert war. Ich wusste, welchen Preis er auf dem Markt erzielte. Das und ein bisschen mehr war ich zu zahlen bereit. Wenn dann der Händler jedoch mit Forderungen begann, die ins Utopische gingen, wenn er mir meine Zeit klauen wollte, verließ ich grußreduziert seinen Laden und suchte mir einen anderen Händler, dem die eigene Zeit genauso kostbar war wie mir meine.

Ich tat dies, obwohl ich damit gegen alle Grundregeln des orientalischen Handels verstieß. Feilschen mochte ich nur, wenn ich mir bewusst ein Vergnügen gönnen wollte. Statt beispielsweise ins Theater zu gehen oder ein Museum zu besuchen und damit kaum vorhandenen Kunstverstand vorzutäuschen. Dann konnte das Feilschen zur Kunst avancieren, sie mehr als ersetzen, und ich tat es sogar mit Besessenheit, Geschick und Freude am Komödiantischen. Dann wurde das Feilschen zum Schachspiel des Handels mit allen möglichen Zügen des Hin und Her und des seitlichen Ausweichens, des Rückzuges, der lang geplanten Überrumpelungstaktik bis zum endgültigen Schachmatt. Entweder des Händlers oder meiner selbst. War ich der Unterlegene, so hatte ich doch zumindest gratis zwei Glas duftenden schwarzen Tees mit frischen Pfefferminzblättern kassiert.

Mit meiner Rastlosigkeit habe ich meine Mutter schon vor der Geburt genervt. Sie ist mir also angeboren. Strampel-

strampel, meldete ich mich in der Fruchtblase, »Ich will raus, acht Monate Schwimmunterricht sind genug. Ich will meinen ›Seepferdchen‹-Schein nicht erst, wenn ich vier Jahre alt bin.«

Und dann war ich da, zu früh, Stier statt Krebs. Für meine sternengläubige Mutter ein Drama. Für mich ein Grund, mich in Zukunft nur auf mich selbst und niemals auf Astrologen, Wahrsager, Stühlerücker und andere Scharlatane zu verlassen. Fifty-fifty-Prophezeiungen konnte ich mir selbst aus Kaffeesatz und Handlinien herauslesen.

Obwohl langjähriger Lufthansa-Kunde, bleibt mir deshalb das Geheimnis bis heute verschlossen, warum diese Fluglinie keine Reihen »13« in ihren Maschinen mitfliegen lässt. Es heißt 11, 12, –, 14, 15. Würden sie wegen einer 13 abstürzen? Traut man den Konstrukteuren nicht zu, das Problem technisch zu lösen wie bei anderen Fluggesellschaften? Ist das Aussparen der 13. Reihen eine devote Verbeugung vor den Scharlatanen? Was müssen die Lufthansa-Piloten eigentlich an Wissen mitbringen, um die Pilotenprüfung zu bestehen?

So weit der kleine Einschub zum Thema »Reihe 13« und Teile von Maschinen, die nicht mitfliegen oder absturzgefährdet sind.

Zurück zum Okkultismus. Er war nie mein Ding und für mich schlechtweg Betrug. Diese fest verwurzelte Einstellung hat mir einmal sogar das Leben gerettet. Das war die Geschichte um den »Indianerhäuptling« Tatunca Nara. Ich begegnete ihm, als ich das erste Mal zu den Yanomami-Indianern wollte. »Du kennst Tatunca nicht? Das ist ein Mischblut. Sein Vater war indianischer Häuptling, und seine Mutter eine von ihm geraubte katholische deutsche Nonne! Er spricht Deutsch und alle indianischen Sprachen und wäre dein idealer Führer.«

Nein, ich kannte ihn nicht. Dabei gab es schon ein Buch über ihn von einem gewissen Karl Brugger.

Ich hörte nur »Ein Deutsch sprechender Indianer, gezeugt von einem Häuptling und einer geraubten katholischen Nonne!«

Ich war begeistert. Der Mann könnte mir sämtliche Geheimnisse des Regenwaldes auf dem Silbertablett präsentieren. Dazu noch die Wahnsinnsgeschichte seiner Zeugung. Damit hatte ich schon das halbe Buch über diese Reise beisammen. Schließlich finanzierte ich sie mit den Publikationen – einer meiner Grundsätze. Nie sollten meine Mitarbeiter das Gefühl haben, dass ich mir auf ihre Kosten ein schönes Leben gönnte. Konditorei und Abenteuer waren zwei strikt getrennte Welten. Die Welt der Torten und die der Torturen, das Leben zwischen Marzipan und Moskito.

Dann lernte ich den großen Herrscher des Urwaldes kennen. Sein Deutsch war perfekt, und er war sehr sympathisch. »Ja, mein Volk wohnt jetzt unterirdisch. Früher lebten wir an der Grenze zu Peru. Ich habe alle umgesiedelt. Wir hatten Angst, von den Weißen ausgerottet zu werden.«

Die Befürchtung konnte ich verstehen. Immerhin war es allen anderen amerikanischen Völkern so ergangen.

Er war bereit, mich zu den Yanomami-Indianern zu führen. »Wir sind mit denen gut befreundet. Die wohnen oberirdisch, wir unterirdisch.« Das klang verdammt überirdisch. Ich war wie besessen von seiner Geschichte.

Doch dann wurde ich misstrauisch. »Bei meinem Volk liegen Kampfmaschinen von anderen Gestirnen, gegen die Atomwaffen das reinste Spielzeug sind. Die USA haben mir schon Milliarden Dollar dafür geboten.«

Und dann führte er Touristen für Almosen in die Wälder?

Und dann fuhr er lieber mit morschem Boot und defektem Motor auf dem Rio Negro?

Er missdeutete mein Schweigen als Zustimmung und testete im Stillen bereits meine Belastbarkeit in Sachen Aberwitz.

An einem solchen Grad Hirnarmut würde er dann sein Honorar festmachen.

Oder: »Wir leben nicht allein. Bei uns wohnen auch Soldaten von Herrn Adolf Hitler. Die sind im letzten Weltkrieg mit einem U-Boot den Amazonas heraufgekommen. Mein Vater, der Häuptling, hat sie aufgenommen. Sie sollten Brasilien von hinten angreifen, wenn Herr Hitler vom Atlantik her käme.«

Spätestens da waren meine Illusionen auf ein Nichts geschrumpft. Ein Phantast, ein Spinner. Die Folge: Ich wanderte ohne ihn zu den Yanomami.

Dass sich aus dieser Begegnung eine waschechte Kriminalgeschichte entwickeln würde, ahnte ich damals noch nicht. Aber weitere kleine Fehler und Ungereimtheiten in Tatuncas Erzählungen ließen mich aufhorchen und weckten meinen Ehrgeiz, seine wahre Identität zu ermitteln. Auf keinen Fall war er Indianer.

Langsam, aber unaufhaltsam kam ich dahinter, dass dieser Mann in Wirklichkeit ein phantasievoller Maurer aus dem Frankenland war, der mehrere Leute umgebracht hatte. Die Opfer waren Neugierige, denen er seine Geschichten erzählt und angeboten hatte, sie für viel Geld »als erste Weiße« zu seinem unterirdischen Volk zu führen. »Mit der Entdeckung meines noch unbekannten Volkes gehst du in die Geschichte ein«, lockte er. Und wer wollte nicht zu den großen Entdeckern gehören?

Als er die Entdeckung mithilfe inszenierter Unfälle auf den wochenlangen Flussfahrten im Abseits der Wildnis stets zu verhindern suchte und einige beim soundsovielten misslungenen Versuch misstrauisch wurden und den Spuk auffliegen lassen wollten, mussten sie das mit dem Leben bezahlen.

Als mein Verdacht erst einmal geweckt war, begann ich nachhaltiger zu recherchieren. Zusammen mit Wolfgang Brög, Filmemacher aus München, lockten wir Tatunca in eine Falle. Mercedes López und Maggy, unsere Frauen, spielten die »Köder«. Der Film, der dabei entstand, wurde ein beeindruckendes Dokument über einen Mörder und eine Geschichte, die ihresgleichen sucht.

Heute weiß ich, dass es mein Instinkt und die Aversion gegen alles Außerirdische und Okkulte war, die mir mein Leben gerettet haben. Ich wäre wohl sein nächstes Opfer geworden, denn ich passte genau in Tatuncas Beute- und Mordschema. Ich wollte, genau wie seine Opfer, eine beispiellose Geschichte erleben.

Als Pragmatiker habe ich mich grundsätzlich nur auf mich selbst und bewährte Freunde verlassen, auf mathematische Abwägbarkeiten und nicht auf Kaffeesatz und Sternenkonstellationen. Das schuldete ich meinem Selbstbewusstsein und dem Anspruch an mich selbst.

Mein Misstrauen gegen alles Dubiose hat mich auch nie Verlangen zu Glücksspielen verspüren lassen. Weder zu Würfel- noch zu Kartenspielen. Für mich Langeweile pur. Kasinos warteten vergeblich auf mich. Solcher Art Zerstreuungen waren für mich sinnlos vergeudete Zeit. Stattdessen mag ich Schach. Da ist der eigene Geist gefragt und nicht die launische Glücksfee. Noch heute betrachte ich gern mein selbst gebasteltes Schachspiel, das während des Aufenthaltes bei den Kämpfern der eritreischen Befreiungsfront entstanden ist. Das »Brett« ist ein rasiertes Ziegenfell, die Figuren bestehen aus Dattelkernen, Reiskörnern, Kork und Palmfasern. Ein Kleinod in meinem »Wohnzimmer-Museum«, an das sich viele Erinnerungen knüpfen.

Um kein Missverständnis aufkommen zu lassen: ich habe nichts gegen Gestirne, ich habe nur etwas gegen Astrologen. Ich liebe den Mond. Ich mag sein Licht. Er hat mir manche

Batterie in den Taschenlampen erspart, und ich bewundere seine Power, mit der er rastlos und zuverlässig Ebbe und Flut hin und her bewegt und der Welt Kräfte schenkt, die sie irgendwann zu nutzen gezwungen sein wird.

Noch ungleich mehr als den Mond liebe ich die Sonne. Ich bin ein Sonnenmensch. Sie schenkt mir nicht nur das Licht und die angenehme Wärme. Sie hat mir während der Pubertät die Pickel weggeätzt. Dafür fühle ich mich ihr noch heute verbunden.

Genauso suspekt wie die Scharlatane waren und sind mir alle Fanatiker. Egal welcher Couleur. Zum Beispiel politische Luftblasenversprecher. Ihre Parolen stoßen bei mir auf ausgeschaltete Hörgeräte. Stattdessen bewerte ich lieber ihr Wirken während der letzten Legislaturperiode und belohne oder strafe sie mit meiner hochflexiblen Wechselwähler-Stimme.

Was wäre noch zu sagen zum Thema Selbstdarstellung? Spontan würde ich meine Zuverlässigkeit nennen. Ich bin der personifizierte eingehaltene Vertrag, ein wandelnder Chronometer, nach dem man Atomuhren ausrichten könnte. Oft haben mir Handschläge als Vertrag genügt oder eben solche, die auf ein einzelnes Blatt Papier passen. Klar, dass man als derart genormter Spezialist Leute nicht versteht, die grundsätzlich zu spät kommen. Für mich drückt das Taktlosigkeit, Provokation, Absicht, Geringschätzung des Wartenden aus. »Du hast auf mich zu warten. Ich bin mehr wert als du.«

Wer stets zu spät kommt, ist disziplinlos. Kurz und bündig. Und ich frage mich, warum solche Leute sich Termine nicht 15 Minuten vor dem vereinbarten Treffen eintragen, um dann nach ihrem System zwar 15 Minuten zu spät, aber nach meinem System pünktlich zu erscheinen. Das wäre eine Lösung. Ich frage mich auch, warum sie ausgerechnet am Bahnhof dann doch fast immer rechtzeitig auftauchen. Klar, weil der Zug sonst weg ist. So halte ich es deshalb auch. Ich bin dann weg. Oder die verlorene Zeit wird von der vereinbarten Gesprächsdauer abgezogen.

Ich bin reich. Leider nicht unbedingt finanziell reich, sondern ideenreich. Ideen purzeln mir nur so aus dem Hirn wie Kaninchen aus dem Hut des Zauberers. Leider oft zum Schrecken meiner ganzen Umgebung. Ob Eltern, Verwandte, Mitarbeiter oder Nachbarn. Von Kindesbeinen an hatte ich reichlich Gelegenheit, mich an die verständnisarmen Blicke zu gewöhnen, wenn ich eine meiner kreativen Phasen hatte. Je verständnisloser der Blick, desto besser meine Idee.

Nie vergesse ich die Panik meines Vaters, als ich für mein aus Schrotthandel-Einzelteilen zusammengebasteltes Fahrrad »Schneeklammern« erfunden und die dem Bielefelder Fahrradhersteller Dürkopp zur Auswertung angeboten hatte. Damals war ich elf Jahre alt.

Die Klammern wurden ganz einfach in Würgegriffmanier um die Fahrradreifen gelegt und mit einem Schnappmechanismus verschlossen. Sie trugen seitlich nicht auf und liefen problemlos durch die Gabel. 16 Stück pro Reifen. Auf dem Reifen bildeten sie eine Art schneeresistentes Profil. Wie eine Panzerkette. Ein rotierender Eiskratzer.

Diese Idee war mir gekommen, als ich auf schneeglatter Straße gestürzt war. Schneeketten gab es nur für Autos, für Fahrräder waren sie kein Thema. Das wollte ich ändern.

»Hast du das unter dem Namen *Nehberg* eingereicht?«, stöhnte mein Dad. Immerhin war er Sparkassendirektor mit besonders aufwendigem, langem Titel, und meine kühne Erfindung – so fürchtete er – war geeignet, sein Image anzukratzen wie die Schneeklammern das Eis.

Als dann sehr bald eine nett formulierte Absage kam, war er sichtlich erleichtert. Thema vom Tisch. Die Firma Dürkopp ahnt gar nicht, was ihr an Gewinnen entgangen ist. Bei denen saß ganz eindeutig der falsche Mann am falschen Platz.

Die Nachbarn staunten über meine erste Kletterwand an der Hausfront, sie stöhnten über meine Schlangenzucht (»Igitt, Schlangen«), das Hansatheater Hamburg lehnte meine Schlangenbeschwörungsnummer ab. »Mit sechs Kobras gleichzeitig? Alle sind noch giftig? Und keine Versicherung will das abdecken? Dann wird das seinen Grund haben. Auf Wiedersehen.«

Meine Mitarbeiter murrten über das neue Rezept für Bananenkuchen, das ich aus Afrika mitgebracht hatte, und das sich sehr bald, wie schon viele andere Leckereien vorher, nicht als Knaller, sondern schlicht als Flop, als Ladenhüter, bewährte.

Die Konkurrenten mokierten sich mitleidvoll über meinen Werbespruch am Auto, am Schaufenster, auf dem Briefpapier: »KONDITOREI NEHBERG ... ES GIBT SCHLECHTERE.« Sie verwiesen auf Konventionelles, nämlich auf ihre eigenen standeskonformen Langweiler à la »Täglich frisch«, »1a Qualität« und »Einfach anders«. Mehr einfach als anders, schien mir.

Ich blieb bei meinem Slogan. Damit nahm ich jedem Mitbewerber den Wind aus den Segeln und konnte mich auf Wesentlicheres konzentrieren. Bei den Kunden prägte sich der Spruch jedenfalls unvergesslich wie ein Brandzeichen ein und entlockte ihnen ein Lächeln, der schnellste Weg zueinander.

Maggy, meine Erst-Ehefrau, stöhnte: »Warum denn mit einem Tretboot nach Brasilien? Flieg doch hin. Das geht schneller und ist billiger. Denen ist doch egal, auf welche Weise der *amnesty*-Appell letztlich in die Hände des Staatspräsidenten und an die Öffentlichkeit kommt.«

Und während ich mir all solche Bedenken anhörte – auf der Direttissima in ein Ohr hinein, aus dem anderen heraus –, ahnte niemand, dass ich längst ein Dutzend neuer Ideen im Brutkasten hatte. Gut, dass Zweit-Ehefrau Annette nie errät, was ich zu jeder Zeit noch alles heimlich in petto habe, und was ihr demnach noch alles bevorsteht, obwohl sie bisher alles aus Überzeugung gern mitgemacht hat. Na ja, fast alles.

Was mich nervt, sind Dauerredner. Leute, die endlos über nichts reden, denen immer noch ein Nebensatz, eine Rückblende einfällt, ein Suchen nach vergessenen Namen. Deshalb wäre ich nie, wie schon gesagt, als Verhandlungspartner geeignet. Dazu fehlt es mir an Sitzfleisch und Geduld. Als Nichtpolitiker und gefürchteter Wechselwähler konnte ich noch nie begreifen, wenn Verhandlungen sich über Tage und Nächte hinzogen. Ich würde wahnsinnig.

Was mein Interesse an Mode betrifft, an ultraneuen technischen Errungenschaften, an allerangesagtesten Musikströmungen – auch da bin ich jemand, von dem die Branchen nicht leben könnten. Ich habe genug Selbstbewusstsein, um selbst zu entscheiden, was ich für begehrenswert halte. Vielleicht bin ich auch nur anspruchslos gegen mich selbst? Jedenfalls sind mir Statussymbole immer fremd geblieben. Mein Selbstwertgefühl habe ich mit realisierter Phantasie kompensiert.

Deshalb fahre ich keinen Luxusklassewagen, sondern einen VW-Transporter. Quadratisch, praktisch, gut. Und das schon seit Jahrzehnten. Egal, ob es ins Theater, auf die Reeperbahn oder zum Friedhof geht. Mir war es nie wichtig, mich durch Elektronik und Technik während der Fahrt arbeitslos zu machen. Ich brauchte keine vollautomatische Klimaanlage mit integriertem Mundgeruchsneutralisator und Fliederduftsprayer. Auch dass man beim GPS die Ansagerstimme individuell wählen kann zwischen männlich und weiblich und unter diesen Alternativen die Abstufungen von Nachrichtensprecher-Sachlichkeit einer Ellen Arnold bis hin zum Verführertimbre einer Sharon Stone. Das war und ist mir entbehrlich.

Ich musste mich nie mit Alkohol abfüllen, um meine Meinung kundzutun oder um dazuzugehören. Ein Gläschen Wein in Ehren, aber sobald ich die geringste Wirkung verspüre, schwenke ich um auf Apfelschorle. Es bedurfte auch nie der Zigaretten, um meine Männlichkeit zu demonstrieren. Und schon gar nicht war ich erpicht auf Drogen. Und wenn sie angeblich noch so milde waren. Ausnahme: hin und wieder eine leckere Kopfschmerztablette.

Meine Droge heißt Adrenalin. Nicht nur Marke Eigenanbau, sondern auch noch alles Bio. Da weiß man doch, was man hat. Die Anbaufläche, Körper und Hirn, habe ich allerorten dabei. Ob auf Reisen oder daheim. Denn nicht nur in Momenten der Bedrohung, auch in den scheinbar ruhigeren Lebensphasen, also daheim, gibt es Möglichkeiten, die Produktion schlagartig zu steigern. Etwa, wenn ich die schon erwähnten Wildschweine mit der Hand fange. Oder wenn ich nachts von Eisloch zu Eisloch tauche. Zwei von vielen respektablen Live-Übungen aus meinem reichhaltigen Trainingsprogramm.

Eine andere nannte sich »Flugzeugabsturz auf hoher See«. Gelernt hatte ich diese Disziplin bei den Marinefliegern in Nordholz bei Cuxhaven. Dort hängt ein Cockpit über dem Wasserbecken der Schwimmhalle, in das sich vier Piloten hineinzwängen und anschnallen. Dann wird es maschinell ins Wasser gedrückt und in verschiedene Richtungen gedreht. Das Wasser strömt dröhnend durch die Bullaugen ins Innere. Erst wenn das gesamte Cockpit geflutet ist, darf man sich vom Sitzgurt befreien und wieder auftauchen. Eine Übung also, die mir eminent wichtig für die Vorbereitungen zur Tretbootfahrt schien. Wäre mein Fahrzeug gekentert, ich gefangen in der Kabine, dann hätte ich vielleicht vergleichbare Probleme wie die Piloten gehabt.

Verständlich, wenn ich zunächst eine Höllenangst vor dieser Nummer hatte. Oder sagen wir es besser so: Ich hatte den gebotenen Respekt vorm Wasser. Das hört sich weniger warmduschermäßig an. Aber alles lief gut. Meine anfängliche Angst wich der Erfahrung. Dank an die Marinepiloten!

Dass ich dennoch meine Tretbootkabine mit einem Notausstieg im Bodenbereich versah, war meiner Neigung zuzuschreiben, mich nie auf nur ein Ass im Ärmel zu verlassen. Denn im Gegensatz zum echten Flugzeugabsturz würden *meine* Bullaugen beim Aufprall nicht bersten und mir den Ausstieg ermöglichen. Außerdem bot mir der Notausstieg eine klare Sicht auf die Fische unter mir. Unterwasserschau nonstop, monatelang und ohne je eine Wiederholung, vor allem ohne Werbeunterbrechungen.

Doch eins schien mir bei der Marinepiloten-Übung unrealistisch. Das war der Aufprall aufs Wasser. Er geschah in der Schwimmhalle sehr sanft. Man will ja die angehenden Piloten nicht schon vorm Ernstfall-Einsatz verlieren. Ich war mir sicher, dass die Wirklichkeit ganz anders aussehen würde. Fataler. Etwa wie der Zusammenstoß zweier Autos. Oder wie ein Bauchklatscher vom 20-Meter-Turm. Aber niemals wie ein Sprung von der Bettkante ins Daunenkissen, wie wir es hier praktizierten.

Gut, dachte ich, das kann man ja schnell ändern.

Kaum daheim, wiederholte ich das Experiment auf meinem See. Ich besaß ein 200-Liter-Metallfass. Wenngleich sehr eng, war es doch fast ein ideales Cockpit. Nicht jumbomäßig, eher Einsitzer, buschpilotenmäßig.

Ich schlug dem Fass den Boden raus. Ein hartes Stück Arbeit. Es entstand ein 200-Liter-*Rohr*, das ich mit Betonstücken beschwerte. Realitätsnah, dachte ich. Auch Flugzeuge sind nicht aus Pappe oder Titan gemacht. Schließlich machte ich es mir drinnen bequem. Wenn auch weit entfernt selbst von der Economy Class. Eng, sehr eng, aber okay. Im Nachhinein würde ich sagen: ich grub erstmals mein eigenes Grab, meinen eigenen Sarg.

Das beschauliche Liegen in meinem Sitzrohr währte nicht lange. Rasten heißt Rosten. Über eine Rolle zog ein Freund mich per Auto und Seil sechs Meter an einer Trauerweide hoch. Dann kappte seine Frau das Seil mit einem Brotmesser und lieferte mich dem Schicksal aus. Ich sauste planmäßig in die Tiefe.

Während des rasanten Falls war ich noch guter Dinge, neugierig und optimistisch. Genau genommen von Zentimeter 600 oben im Baum bis Zentimeter eins unmittelbar über dem Wasser. So lange war ja auch alles gut gegangen. Auch noch bei einem allerletzten Millimeter über der Wasseroberfläche.

Dann nämlich erfolgte der Aufschlag. Es war wie der Aufprall auf Asphalt. Dass mein Rückgrat heil geblieben ist, grenzt an ein Wunder. Eine weitere Gelegenheit, meinem Schöpfer zu danken für seine unglaubliche Geduld mit mir. Bestimmt haben wir einen verwandten Experimentiergeist. Anders lässt sich seine Nachsicht mit mir nicht erklären. Auch sein Universum ist noch längst nicht fertig. Ständig erfindet er Neues, trennt sich von Altem. Da lösen sich Meteoriten von irgendwelchen Gestirnen und rasen durchs All, verursachen Kollisionen, verglühen. Denn anders als Gerüchte behaupten, die da von sechs Tagen der Schöpfung reden, benötigte er Milliarden von Jahren, um die heutigen Formen allen Lebens zu entwickeln. Längst könnte er sich zufrieden zurücklehnen an eins der Wolkenkissen. Aber Allah/Gott gönnt sich keine Pausen. Allein sein Design *Mensch* scheint ihm noch erheblich verbesserungswürdig. Es soll langlebiger werden, wahrscheinlich sogar schlauer als sein Schöpfer selbst, um ihn endlich von all der Arbeit zu entlasten. Deswegen hat er ihn die Computer erfinden lassen. Des Menschen zunehmendes Wissen soll ihm helfen, die ursprüngliche und völlig überflüssige Vielfalt des Prototyps Erde wieder zu reduzieren auf das, was wirklich von Bedeutung ist. Und das wäre die Monokultur Mensch, klar, und dessen Nahrung namens Wasser, Getreide, Kartoffeln, Schweine und Geflügel. Vielleicht noch Bananen. Aber mehr braucht der Planet wirklich nicht. Pardon! Außer diesem Buch. Das hat ihm noch gefehlt.

Dergleichen ging mir durch den Kopf, als ich auf dem Wasser gelandet war und noch Leben in mir spürte. Bei der Schilderung solcher Art Schöpfungstest und Selbstkasteiung wird jedem Leser und natürlich jeder Leserin klar, dass ich eher Einzelgänger und Eigenbrötler bin. Man wird mich nie auf lautstarken Gesellschaften finden, aber oft im Gespräch mit Menschen, die ich schätze, die etwas mitzuteilen haben, von denen ich lernen kann. Oberflächliches Partygehabe, Small Talk, Klamottenpräsentation, die neue Geliebte vorführen und jedem (vor allem der Presse) vertraulich verraten, dass sie seit genau einer Stunde schwanger ist – das war noch nie meine Welt. Dennoch komme auch ich manchmal nicht umhin, Einladungen anzunehmen, wo Jeans unangebracht sind oder gar eine Missachtung des Gastgebers bedeutet hätten. Deshalb besitze ich sogar einen Anzug.

Über diesen Luxus hinaus darf ich zwei Krawatten mein Eigen nennen. Nicht etwa, um eine zum Wechseln zu haben! Nein. Ich habe zwei dieser Textilien, weil die eine schwarz ist, und ich sie nur bei Beerdigungen brauche. Und die finden immer häufiger statt, je älter ich werde.

Die andere ist in ihrer gesamten Gestaltung universell gearbeitet. Sie stammt aus dem international renommierten Modehaus C&A und kam in meinen Besitz, als sie sich mir per Sonderangebot geradezu aufdrängte. Preiswerter wäre nur noch ein Meter Bergsteigerseil, mit dem man den berühmten und durchaus gesellschaftsfähigen Palstek-Krawattenknoten hätte binden können. Das C&A-Traumteil eignet sich für jeden Anlass. Es sind die verschiedenen Lichtverhältnisse und das unterschiedliche Ambiente der Veranstaltungsorte, die das schicke Rinnsal Tuch an meinem Hals immer um Nuancen anders erscheinen lassen. Selbst nachtragenden Menschen mit Langzeitgedächtnissen von Elefanten fällt es nicht auf, dass es immer dieselbe Krawatte ist, weil krawattenverbindliche Ereignisse eher die Ausnahme in meinem Leben darstellen und oft viele Monate vor dem nächsten vergehen.

Wenn ich über meine Begabung als Modeschöpfer ins Grübeln verfalle, wird mir erst richtig bewusst, welche ungenutzten Talente noch in mir schlummern. Vorsichtshalber sollten sich die Herren Joop und Lagerfeld schon mal warm anziehen. Vielleicht tauche ich schon bald unverhofft in der Modebranche auf. Wie ein Maulwurf im Zierrasen.

Zur wahrheitsnahen Selbstdarstellung gehört auch die Offenbarung einer anderen Marotte von mir. Kaum mag ich sie darlegen. Aber der Piper Verlag meinte, ich *müsse* ganz offen sein. Sonst habe dieses Büchlein keinen Sinn. Deshalb sei's verraten: ich bin überzeugter Sitzpinkler. Nicht nur aus Hygienegründen, sondern aus rein praktischen Erwägungen. Ich nutze diese Zwangspausen zu erhöhter Kreativität. An jenem Ort habe ich Ruhe, da kann ich nachdenken. Da liegen der obligatorische Notizblock mit angebundenem Kugelschreiber, und keine Idee kann mir entwischen.

Diese Notizheftchen liegen übrigens auch am Bett, im Auto, auf allen Schreibtischen. Annette meinte einmal, der meistgesprochene Satz aus meinem Mund laute: »Schreib mal auf!«

Manchmal muss ich sie übrigens regelrecht bedauern. Nicht etwa, weil sie schon wieder neue Ideen notieren soll. Sondern weil sie eine exzellente Köchin ist und ich deshalb nie besondere Wünsche äußern muss. Zwar bin ich mit einfacher Kost zufriedenzustellen. Sagen wir Rouladen und Rotkohl. Oder Kartoffelpuffer und stückiges Apfelkompott. Oder frisches Brot mit dunkler Kruste, Butter und jungem Gouda-Käse. Aber natürlich mag ich auch andere Köstlichkeiten. Die jedoch komponiert Annette viel besser, als meine Phantasie sie je zustande brächte. »Mach, was du meinst«, ist mein wenig motivierender Kommentar. Klingt so, als wäre es mir egal, und sie könnte auch gleich irgendeinen Pizzadienst anrufen. In Wirklichkeit ist meine Strategie der Nichteinmischung höchstes Kompliment, weil ich weiß, es wird wieder die große Superklasse, würdig sechs von fünf möglichen Sternen. Da zaubert sie Gemüse auf die Teller, deren Namen ich nicht einmal kenne. Und sie schmort ein Fleisch, dass selbst das Tier, von dem es stammt, vor Neid erblassen würde und der Schlachter glaubt, er hätte das Fleisch zu billig verkauft. Zu alledem zelebriert Annette Soßen, Nachspeisen, Getränke und Tischdekor, dass es eine Beleidigung wäre, ihre Frage »Was soll ich heute kochen?« zu beantworten. Ich würde sie einer Chance berauben.

Jedenfalls darf die Gastronomie sich glücklich schätzen, dass Annette sich nie selbstständig gemacht hat. Sonst müssten einige Gastronomen ihre Sternchen ganz schnell wieder rausrücken.

»Welche Bücher und Musik magst du eigentlich?«

Noch so eine Frage.

Bei Büchern rangieren zwei Genres nebeneinander. Das reine Sachbuch, wenn es mich nach Informationen dürstet. Egal, ob ich mich gerade für die Seefahrt oder Kaninchenhaltung interessiere. Am liebsten lese ich Lexika.

Und bei der Belletristik sind es gut recherchierte, auf Tatsachen beruhende Texte oder Romane aus den Hirnen eines John Le Carré (*Der Spion, der aus der Kälte kam*), T.E. Lawrence (*Die sieben Säulen der Weisheit*) oder Ken Follett (*Säulen der Erde*). Das sind Werke, die ich auch gern mitnehme auf Reisen, wenn dort die Zeit gegeben ist, 500 bis 1000 Seiten hintereinander wegzulesen.

Was Musik betrifft, bin ich als stark Hörgeschädigter nie vertraut geworden mit den feinen Nuancen der Töne. Klassik,

Opern, Operetten, Musicals waren nie meine Herzschrittmacher. Wohl aber Ohrwürmer aus der Popmusik, rhythmische Songs lateinamerikanischer, südeuropäischer und russischer Prägung.

Nie vergesse ich, wie mein Vater mich in eine Oper mitgenommen hat. Ich war 14. Er war Opernfan und wollte das an mich weitergeben. Schwerhörig hin, Desinteresse her – kurz vor der Pause schlief ich ein. Der Applaus weckte mich. Ich klatschte mit. Mein Vater ganz glücklich: »Ich habe es dir doch gleich gesagt, dass dich das interessiert. Du hast ja sogar die Augen geschlossen, so sehr hast du die Musik genossen.«

So – ich denke, das reicht. Unwichtig, dass ich ein Ordnungsliebhaber bin. Unwichtig auch, dass ich immer und überall ein Messer mit einer einzigen, aber feststellbaren sauscharfen Klinge trage. Warum? Na klar doch: Fingernägel reinigen, Butterbrot machen, Schraube reindrehen. Fast brauche ich es so oft, wie ich einen Blick auf die Armbanduhr werfe. Man kann ja nie wissen. Jeder Erfolg lässt Neider entstehen. Und manche sind unberechenbar. Meine Leser wissen es bereits: Gerade beim Menschen muss man mit dem Schlimmsten rechnen und kann sich freuen, wenn es weniger schlimm kommt.

Und damit Schluss mit der Selbstsezierung! Ein paar letzte Geheimnisse müssen bleiben. Für die Autobiografie zum Hundertsten.

Heimat

An vielen Orten der Welt bin ich zu Hause. Aber meine Heimat ist Rausdorf. Eine 230-Seelen-Gemeinde im südlichen Schleswig-Holstein, ohne Kirche, ohne Laden, ohne Schule, inmitten eines sanft geschwungenen Bachtals und ruhiger Wälder. Idylle und Beschaulichkeit.

Und nur 25 Kilometer entfernt das Kontrastprogramm Hamburg mit seiner Geschäftigkeit, seiner Hektik und dem internationalen Flair. Hamburg, die Weltmetropole, in der ich sesshaft wurde, nachdem ich sie zum ersten Mal betreten hatte. Liebe auf den ersten Blick. Hamburg, die geschichtsträchtige Hafenstadt, deren Bildungsangebot jedes Telefonbuch schlank aussehen lässt, und wo sich mehr Brücken über verschwiegene Kanäle spannen als in Venedig.

Dort habe ich jahrelang als Geselle gearbeitet, dort habe ich mich mit meiner Konditorei selbstständig gemacht, dort habe ich gelebt, bis ich das Geschäft wieder verkauft habe. Deshalb fühle ich mich bis heute auch als Hamburger, als Kosmopolit. Ich liebe diese vielseitige Stadt.

Und als wären das nicht schon genug Gründe, die Stadt zu besuchen, gibt es nun auch noch einen weiteren Höhepunkt: das gigantische, liebevoll gestaltete Maritim-Museum, ein Kleinod in der Hafen-Speicherstadt. Es könnte auch nach seinem Gründer »Peter Tamms Maritime Erlebniswelten« heißen, weil es so unglaublich vielseitig gestaltet ist. Das Lebenswerk eines Besessenen, eines Sammlers. Vom Steinbeil zum Bau des ersten Kanus bis hin zum Entstehen eines Ozeanriesen im Zeitraffer gibt es für jedes Seemannsherz etwas zu entdecken. Acht Etagen Staunen pur. Wer dann kein Fernweh bekommt, sollte sich dringend an einen Spezialisten für Gefühlskälte wenden.

Und nun kommt's: inmitten dieses mehretagigen Traumlandes für Seeleute liegt nun Rüdigers, mein legendäres Tretboot, meine kleine sichere Heimat, meine schwimmende Insel für viele Wochen in der Vergangenheit.

1986 war es mein Fahrzeug über den Atlantik, 1989 habe ich es verkauft und davon die Krankenstation bei den Yanomami finanziert. 2008 ist es auf dem Sperrmüll bei Nürnberg wieder aufgetaucht, akkurat zerflext in handliche Einzelteile. Es wäre auf Nimmerwiedersehen in einer Müllverbrennungsanlage verschwunden, wenn nicht Pfadfinderführer Michael Stoß aus Landshut es gefunden und als mein Tretboot identifiziert hätte. Er und seine Pfadfindertruppe St. Georg, Stamm Vilsbiburg, haben sich des Mosaiks angenommen und die Stücke liebevoll wieder zusammengesetzt. Danke, Michael Stoß und Mannschaft! (Übrigens: mein Baumstamm, mit dem ich 2000 über den Ozean gefahren bin, steht im Technik-Museum in Speyer).

Wem das alles jetzt keine Gründe sind, Hamburg zu besuchen, dem kann ich nicht mehr weiterhelfen.

Und nun sitze ich also in Rausdorf, dessen Name gar nicht zur Dorfidylle passt. Denn wer hier lebt, der will gar nicht mehr »*Raus* aus dem *Dorf*«. Ich jedenfalls nicht. Nur monatsweise. Genau dort im südlichsten Schleswig-Holstein also habe ich ein Grundstück von fünf Hektar Größe, durchflossen vom Bach Corbek, der sich durch einen lang gestreckten Erlenbruch und Mühlenteich schlängelt, sich vier Kilometer weiter vereinigt mit der Bille, die sich wiederum in die Elbe ergießt, welche bekanntermaßen in die Nordsee strömt, die sich dann mit dem Atlantik paart. Theoretisch kann ich mit kleinem unsinkbaren Boot von Zu Hause, an Hamburg vorbei, direkt nach Amerika schippern. Beweis dafür, dass Abenteuer durchaus auch vor der Haustür liegen und beginnen können.

Während der Großteil des Areals naturbelassen ist, habe ich die Wildnis ums Haus gebändigt. Kettensäge aus Deutschland und Haumesser aus Brasilien verhindern, dass die Bäume und der Efeu mir ins Bett wachsen. Ein selbst geschaffenes Nebenbächlein plätschert neben dem Haus das Steinbett hinab und schafft Forellen den erforderlichen Sauerstoff, vereinigt sich mit der Corbek.

In Sichtweite habe ich neben dem See sieben kleine Teiche angelegt und dreißig Nistkästen in die Bäume gehängt. Die Natur dankt es mir. Die Fledermäuse, Singvögel und Schwalben, aber auch die vielen Frösche halten die Insekten kurz. Bequem kann man bis in die späte Nacht draußen sitzen, ohne von Mücken belästigt zu werden. Oder sie mögen mich nicht. Annette wird sehr wohl gepiesackt.

Am Wasser sieht man Ringelnattern und Bisam. Acht Inseln bieten Enten und Gänsen Nistgelegenheiten, und jede einzelne ist besetzt. Der Eisvogel klaut mir Kleinstfische, Reiher und Störche kommen zu Besuch, im Erlenbruch verstecken sich Rehe und suhlen sich die Wildschweine. Action around the clock.

Die Einfahrt zum Grundstück wird von einem dreißig Tonnen schweren Findling dominiert. Darin eingraviert: TARGET – der Name meiner Menschenrechtsorganisation. In der Eiszeit soll er aus Südschweden zu uns nach Rausdorf gerutscht sein. Landwirt Bockhold hat ihn beim Pflügen gefunden und mir geschenkt. Um zu verhindern, dass er beim nächsten Klimaumschwung wieder zurückrutscht, habe ich ihn fest verankert. Sicher ist sicher. Trau einer dem Klima und den Eisschmelze-Propheten!

Dieser Portalfindling hat viele kleinere Geschwister. Steine aller Größen und Formen sind ein Wahrzeichen meines Domizils. Jeden einzelnen habe ich hergeschleppt. Sie lagen irgendwo in der schleswig-holsteinischen Landschaft herum, von fleißigen Bauern an die Ränder ihrer Äcker gezogen, einzeln oder in Gesellschaft zahlreicher Artgenossen, oft von eifersüchtigen Brennnesseln überwuchert, die deren Schönheit vor meinen begehrlichen Blicken zu verbergen suchten. Doch da hatten sie die Rechnung ohne mich gemacht. Sie konnten vielleicht andere Steinesammler täuschen, nicht aber mich. Denn es waren zunächst oft diese Brennnesseln selbst, die ich verehrte und begehrte, weil sie wie Spinat munden und dieses Gemüse, im Verbund mit Butter, Spiegeleiern und Kartoffeln, zu meiner Lieblingsnahrung zählt.

Jetzt, gekrönt durch mein Begehr und aufgewertet in ihrem Dasein von meinem Appetit, schwand der Nesseln Eifersucht, und sie präsentierten mir ihre verborgenen Schätze, die Findlinge. Stück für Stück zog, rollte und fuhr ich die Steine dann zu mir, gab ihnen Ehrenplätze als Schutzwälle, Wegeinfassungen, Tischplatten, Straßenpflaster und »Gebirgsbach«-Bett.

Manche wogen nicht mehr als ein Apfel, ich trug sie nach Hause, wie man Obst nach Hause trägt. Sie wurden mein Wegepflaster. Aber Hunderte wogen Zentner, und ich musste geduldig erlernen, wie man ihre Gunst erringt und sie zur Kooperation verführt.

Jeder Stein hat seine Schwachstelle, seinen Schwerpunkt. Zur einen Seite kippt er leichter als zur anderen. Im engen Verbund mit Eisenstangen, Brettern als schiefen Ebenen und Rundpfählen als Rollen konnten sie es manchmal gar nicht abwarten, ihrer Bestimmung entgegenzukullern. Manchmal allerdings musste auch Nachbar Norbert mit schwerem Gerät anrücken. Zwar kopfschüttelnd ob meiner ständigen Wünsche, aber stets hilfsbereit.

Probleme hatte ich nur, wenn der keine Zeit hatte. Dann wuchs mein Ehrgeiz, sie selbst zu bewegen. »Ich muss es nur machen wie die alten Pyramidenbauer«, erklärte ich das Annette und mir selbst. Mit denen nahm ich es längst auf.

»Du überschätzt dich. Denk an deine Knie.«

Das wirkte. Zumindest ein paar Minuten. Denn zweimal schon mussten meine Gelenke operiert werden, weil sie bei jedem Schritt Protestgeräusche von sich gaben und schmerzten und mich der Fähigkeit beraubten, geräuschlos zu schleichen.

Annette ließ nicht locker. »Wenn du so weitermachst, kommst du um ein künstliches Knie nicht herum.«

»Um Himmels willen! Dann komme ich ja nie mehr durch die Kontrollen an den Flughäfen. Die unterstellen mir, eine Maschinenpistole verschluckt zu haben«, witzelte ich, um sie als Augenzeugin loszuwerden.

Bauchgefühl-Annette weiß es wieder einmal besser. »Ich glaube übrigens nicht, dass dein Knieschaden von den Findlingen herrührt. Das ist Verschleiß, aber die Steine verstärkten ihn. Meine Mutter hat nie Steine gerollt und hat seit über zehn Jahren ein kaputtes Kniegelenk.«

Von gar nichts kommt es aber auch nicht. Das kann sie mir Pragmatiker nicht erzählen. Vielleicht hat Magdalena heimlich Nierensteine gerollt.

Wenn ich dann unbeobachtet zu sein glaubte, weil Annette wieder ins Haus entschwunden war, aktivierte ich einfach heimlich das nicht knarrende Knie. Die Arbeit musste fertig werden. Ich mag nichts aufschieben. Und von selbst rollen meine Steine nicht. Das tun sie nur als Lawinen in den Bergen, nicht aber im norddeutschen Flachland. Dort können wir allenfalls mit Springfluten als Katastrophen aufwarten.

Heute darf ich mit Stolz sagen, dass ich jeden einzelnen der ungezählten Steine persönlich umarmt und ihm seinen Platz zugewiesen habe. Ich bin steinreich.

Mitten in diesem Naturparadies habe ich ein Fachwerkhaus am eigenen See – die frühere Rausdorfer Mühle. Sie wird erstmals 1599 erwähnt, hatte knapp 400 Jahre auf dem Gesteinsbuckel und entsprechend war sie verfallen bis auf die Grundmauern.

In zwei Jahren Bauzeit ist sie neu erstanden als dreigeschossiges Fachwerkhaus mit vielen alten Holzelementen auch im Inneren. Das unterste Geschoss liegt im Tal hinter dem Deich, der den See staut. Dort unten ist Annettes Büro. Sollte der Deich einmal brechen – das Klima, man weiß ja nie –, schwimmt sie uns als Erste davon. Das heißt, ich sollte Annette zu Weihnachten einen Rettungsring schenken. Oder mich vorsorglich um Ersatz bemühen.

Im Mittelgeschoss, bündig mit der Seeoberfläche, 38 Meter über dem Meeresspiegel, hochwassersicher im Zeitalter der Schneeschmelze, liegt Annettes familiärer Wirkungsbereich und *noch* ein Geschoss höher, im Satteldach, mit dem Ausblick über alles, ist mein Refugium. Überall alte Balken, überall Mitbringsel aus aller Welt. Jedes einzelne hat seine Geschichte zu erzählen. Ob es mein erstes Goldkorn vom Blauen Nil ist, die in Alkohol konservierten zwei abgetrennten Finger nebst Sehnen, die nach dem Messergefecht zweier Eritreer zurückblieben, die Flasche, in der sich das Kleinstmodell meines doppelgeschossigen Sperrmüllfloßes befindet, mit dem sechs Jugendliche und ich 1986 die Elbe abwärts bis zur Nordsee gefahren sind, Speere aus Afrika, Blasrohre und Pfeile aus Brasilien und viele besondere Fotos. Eine kunterbunte Sammlung zum Erinnern, zum Träumen, zum Erzählen. Vor allem zum Schmieden neuer Pläne. Ich lebe nicht gern in der Vergangenheit.

Eine besondere Wand ist meine Bücherwand. Auf ihr habe ich auf acht alten Brettern von zwei Metern Länge meine eigenen Bücher aufgereiht. Dicht an dicht, zum Teil eins schräg vorm anderen, weil sie sonst nicht alle Platz fänden. Oder ich müsste anbauen. Eigentlich sind es nur 29 »Werke« eigener Herstellung. Aber in der Vielfalt ihrer Aufmachung als festgebundene Bücher, als Taschenbücher, als Sonderausgaben und vor allem auch als Übersetzungen sogar in sehr fremde Sprachen wie Finnisch, Koreanisch und Chinesisch sind es weit über hundert. Meine Visitenkarten.

Das ist mein Museum, das Ambiente, in dem ich auftanke, wenn ich heimkehre, in dem ich mich sauwohl fühle, in dem das Heimweh gestillt wird und das Fernweh das Heimweh auffrisst. Rausdorf ist der Ort, der mir bewusst macht, wie unbeschreiblich gut es uns in Deutschland geht, welch hohes Gut die Demokratie darstellt, und wie maßlos dekadent vieles Wehklagen der Nimmersatten und Ewignörgler ist.

Mir macht das Jammern Angst. Es beweist Unverantwortlichkeit. Noch niemals in der Geschichte Deutschlands hatten unsere Vorfahren, zurück bis Adam und Eva (die heute bestimmt Andy und Eve gerufen würden), einen solchen unermesslichen Wohlstand, so viel Rede- und Pressefreiheit, so viel Sicherheit, Fürsorge und Bildungsmöglichkeiten, Menschenrechte und Reisefreiheiten. Um nur ganz weniges aufzuzählen. Dieser unvergleichlichen Werte werde ich mir auf jeder Reise an die Peripherien der »Zivilisation« immer wieder bewusst. Jede Reise brennt mir ein neues Warnzeichen in die Seele: »Schütz diese Werte!« Werte, die viele Völker nicht einmal von der Vokabel her kennen.

Manchmal wünschte ich mir die deutsche Verfassung in allen Sprachen auf der Website des Auswärtigen Amtes, damit die Verzweifelten des Planeten Hoffnung schöpfen können, Mut tanken zur Revolution, wenn sie erfahren, was eigentlich jedem Erdenbewohner zusteht, und dass es möglich ist, solche Werte zu schaffen. Und vielleicht ist es gar nicht so utopisch, wie es noch scheint, dass die gesamte Menschheit zur »Bundesrepublik Erde« zusammenwächst. Auch ein vereintes Europa hätte früher niemand für möglich gehalten. Vielleicht gelingt das sogar noch vorm Weltuntergang infolge der Habgier einiger Mächtiger und vieler Ohnmächtiger.

So wurde Rausdorf langsam, aber sicher zu meiner zweiten Heimat. Ich möchte den Ort nicht missen. Und wo ich gerade beim Wort Zweitheimat bin, stelle ich fest, dass ein weiteres Fundament dieser Heimat meine Lebens- und Kampfpartnerin Annette geworden ist. Noch nie fühlte ich mich so geborgen, gut gemanagt und beraten wie bei ihr.

Ehrungen

Unmittelbar neben der Bücherwand steht die Vitrine mit den besonderen Ehrungen. Es sind nicht nur die drei Bundesverdienstkreuze, mit denen unsere Arbeit politisch und gesellschaftlich zur Kenntnis genommen wurde. Da sind auch der Hamburger Bürgerpreis, der Weitsichtpreis, der B.A.U.M.-Sonderpreis, der Designerpreis *red dot* für die besondere Gestaltung unseres Goldenen Buches durch die Designerin Stefanie Silber und Annette. Oder die Awards für den Film »Die Sache – Feldzug gegen ein Tabu« von Heike Mundzeck und Thomas Reinecke. Nicht zu vergessen die CD, auf der Udo Lindenberg mir das Lied »I am on my way« getextet und komponiert hat.

Das alles sind Auszeichnungen, die mich, uns, berühren, ehren, stolz machen. Denn längst gehören und gebühren sie nicht nur mir, sondern gleichermaßen Annette. Aber wir sind nicht die Typen, die sich das alles um den krawattierten Hals hängen und wie Schmuck auf gesellschaftlichen Treffen zur Schau stellen.

Was uns noch viel mittiger ins Herz trifft, sind ganz andere Dinge. Ehrungen, die man sich nicht anheften und in die Vitrine stellen kann, Ehrungen, die unsichtbar sind und wertvoller als die eigene Seele. Zum Beispiel die Würdigungen aus der Welt meiner muslimischen Freunde. Niemals werden wir den Moment vergessen, als der Großmufti von Ägypten, Prof. Dr. Ali Gom'a, unsere Idee guthieß, eine Konferenz mit den höchsten islamischen Gelehrten der Welt zum Verbot der

Weiblichen Genitalverstümmelung einzuberufen. Als Austragungsort hatten wir an Berlin gedacht. Kaum hatten wir diesen Gedanken ausgesprochen, da kam schon seine Antwort. »Die Idee ist großartig. Aber ein solch historisches Ereignis darf nicht in Berlin stattfinden. Wenn wir das gemeinsame Ziel, nämlich das Verbot der Weiblichen Genitalverstümmelung erreichen, dann muss diese Botschaft aus den traditionsstarken Hallen der Al-Azhar-Universität kommen. Kein anderer Ort der Welt ist dafür so prädestiniert. Ich stelle Ihnen unser Azhar-Congress-Center zur Verfügung.«

Und als wäre das nicht schon die realisierte Utopie pur, Herzinfarkt der Freude, toppte er das gewaltige Präsent noch um einen weiteren Satz. »Und ich übernehme für das Vorhaben sehr gern die Schirmherrschaft.«

Für Annette und mich war in diesem Moment klar: Damit ist garantiert, dass sämtliche Gäste die Einladung wahrnehmen werden. Es waren immerhin die ranghöchsten Männer der islamischen Weltelite wie Prof. Dr. Muhammad Tantawi, Großsheikh der Azhar-Universität, Prof. Dr. Hamdi Mahmoud Zakzouk, Religionsminister von Ägypten, Großsheikh Prof. Dr. Yusuf Al-Qaradawi aus Katar.

Zumindest Sheikh Qaradawi kennt sogar jeder Nichtmoslem. Er ist der Mann, der den Streit um die Karikaturen mit Dänemark ausgelöst und der in Europa Einreiseverbot hat. Also höchste Autoritäten, geschichtsträchtige Männer, die über Krieg und Frieden entscheiden können. Und sie und weitere geistliche Koryphäen aus anderen Ländern Afrikas sowie medizinische Autoritäten wie Prof. Dr. Heribert Kentenich aus Berlin und Prof. Yusuf Lukman aus Äthiopien haben uns die große Ehre erwiesen, an der Konferenz teilzunehmen. Niemand fehlte.

Dafür hatte es sich gelohnt zu leben. Vor allem als dann die Konferenz tatsächlich mit dem ersehnten Resultat endete und der Brauch als ein Verbrechen wider höchste Werte des Islam und damit als Sünde geächtet wurde.

Das Resultat bedeutete uns weit mehr als ein Schulterklopfen vor Zeugen. Da steht man als bedeutungsloser deutscher Kleinbürger fassungslos vor diesen Männern und weiß die Gnade kaum einzuordnen. Die Gnade, sich von uns Fremden zu solch delikatem Thema einladen zu lassen. Die Gnade, sich von der Monstrosität des Verbrechens überzeugen zu lassen. Die Gnade, die lebenslang vertretene Meinung zu revidieren und die wichtigste Basis zu legen für das Ende des Verbrechens. Die Größe dieses Denkens hat mich zutiefst demütig gemacht und mir höchsten Respekt abgezwungen. Sie hat mich bestätigt in meiner Wahrnehmung des Islam, die mich immer schon davor bewahrt hat, negative Erfahrungen à la al-Qaida zu verallgemeinern.

Es blieb Großsheikh Qaradawi, Gründer der Internationalen Union für Muslimische Gelehrte, vorbehalten, in seiner eigenen Fatwa auch den Grund für die späte Einsicht zu nennen. »Mir und früheren verantwortlichen Verfechtern des Brauchs hatte noch nicht das erforderliche medizinische Wissen zur Verfügung gestanden, das uns heute gegeben ist.«

Erstaunlich die Folgen von Qaradawis Stellungnahme. Als kurz darauf wieder einmal in Ägypten Verstümmler per Gesetz zur Rechenschaft gezogen wurden, blieb erstmals der Protest der Moslembruderschaft aus. Qaradawi gilt als ihr Leitbild. Die angebotene Führung der Bruderschaft soll er jedoch abgelehnt haben mit der Begründung, er möchte *allen* Muslimen dienen und nicht nur einer Gruppe.

Ort und Schirmherr der Azhar-Konferenz sind vergleichbar mit Vatikan und Papst (die Evangelischen haben da nichts Vergleichbares). Ich habe mir später oft die Frage gestellt, wie wohl ein katholischer Papst reagiert hätte, wenn eine islamische Menschenrechtsorganisation ihn um eine Konferenz zu ähnlich delikatem Thema ersucht hätte. Sagen wir, die Akzeptanz des Kondoms oder die Aufhebung des Zölibats. Ich habe noch keinen Katholiken getroffen, der gesagt hätte: »Na klar hätte er das getan. Er hätte ihnen sogar den Petersdom als Tagungsort angeboten.«

Schon *während* der Azhar-Konferenz gab es einen ähnlich bewegenden Moment. Sheikh Musa Mohammad Darassa, Vizepräsident der Muslime Äthiopiens, bat uns nach vorn ans Rednerpult. Unbeholfen nestelte er aus seiner Reisetasche eine golden gerahmte Urkunde hervor.

»Unser Sultan Ali Mirah Hanfary hat sich erlaubt, euch beide, Annette und Rüdiger, zu Ehrenbürgern der Afar zu erklären. Ihr habt bei unserem Volk eine Wende eingeleitet, was die Genitalverstümmelung unserer Frauen betrifft. Und ihr helft uns seitdem mit der Fahrenden Krankenstation.«

Um meine Rührung zu kaschieren, wagte ich ein Witzchen. »Was bedeutet das denn konkret? Darf ich nun eine eurer Frauen heiraten?«

Die Delegierten schmunzelten. Einige sogar hörbar. Selbst für mich hörbar, obwohl ich ohne Hörgeräte keinen einzigen Ton zu fassen kriege. Sheikh Darassa wurde ein bisschen verlegen. »Das weiß ich selbst nicht so genau. Wir haben das noch nie gemacht. Ihr seid die Ersten. Aber garantiert bekommt ihr jetzt auf alle Kamele zehn Prozent Nachlass.«

Und Ali Osman, Bürgermeister des Afar-Dorfes Barahle, wartete bei anderer Gelegenheit mit einer mindestens ebenso wertvollen Ehrung auf. »Ich schenke dir diesen Gebirgszug!« Annette nannte ihn gleich geistreich »Neh-Berg«.

Bei einem Ziegenbraten wurde der Vertrag besiegelt. Seither überlege ich, ob ich den Berg zu einem eigenen Staat erklären lasse. Er bietet zwar keinen Reichtum außer Steinen. Aber die ließen sich durchaus in ihrer Bedeutung mit viel Mörtel zu einem Bankgebäude aufwerten. Es könnte sogar die vermögendste Bank der Welt werden, etwa wenn man in ihr alles durch Entwicklungshilfe vergeudete Geld unterbrächte.

Ein weiterer besonderer Moment war ein Gespräch mit unserem Bundespräsidenten Horst Köhler. Wir schätzen ihn, weil er sich nicht als Dank für das ihm anvertraute höchste Staatsamt automatisch zum »Abnicker« aller Gesetze hat prostituieren lassen, sondern seine Unterschrift auch mal verweigert, wenn er das für richtig hält.

Es erstaunte und ehrte uns, dass er über unsere Arbeit sehr gut informiert war und uns ermutigte, genau so weiterzuarbeiten. »Ihr Weg in enger Partnerschaft mit dem Islam ist ein besonders Erfolg versprechender. Anders als mit der Religion kann diese entwürdigende Tradition nicht beendet werden.«

Jede dieser Ehrungen, Vertrauens- und Sympathiebekundungen haben mich tief berührt. Jede auf ihre Art und zu ihrer Zeit. Jede einzelne hat mir unauslöschliche Glücksmomente beschert. Nicht jeder Mensch hat die Position, mir ein Bundesverdienstkreuz umzuhängen. Das ist auch nicht nötig. Meine Schultern und die Brust sind nur bedingt behäng- und belastbar. Sehr viele Menschen schreiben und ermutigen uns mit Briefen, werden Förderer bei TARGET, führen Aktionen zu unseren Gunsten durch, veranstalten Schul- und Sportfeste, bedenken uns mit Kleinst- wie mit Großspenden. Das Vertrauen, das sie damit ausdrücken, ist mein schönster Lohn, ist mir höchste Würdigung und Ehre.

Es blieb den Delegierten unserer internationalen Gelehrtenkonferenz »Das Goldene Buch für Ostafrika« im April 2009 in Addis Abeba vorbehalten, mich zum Weinen zu bringen. Nach anfangs heftigen Debatten, die ganz nach einem Scheitern der Konferenz aussahen, kippte die Stimmung irgendwann. Die Männer hatten sich überzeugen lassen, die Goldenen Bücher zu akzeptieren und den Inhalt zu predigen. Unsere Mitarbeiterin Cornelia Büddig konnte die Aufträge gar nicht so schnell notieren, wie sie in den Saal gerufen wurden. »Hundert!«, »Achthundert!«, »Fünfzigtausend!« Und schließlich die Delegierten des Sudan: »Hunderttausend!« Und die fünf Delegierten aus Addis Abeba und dem Sudan, die mich vorher noch feindselig angegriffen hatten, fielen mir um den Hals. »Du bist ein Herz auf zwei Beinen!«

Und bei Annette war es die erneute Begegnung mit unserem Patenkind Amina. Amina, das kleine Wüstenmädchen, das im Alter von etwa sieben Jahren infolge übelster Verstümmelung durch den Schock seine Sprache verloren hatte. Nie vergessen wir den Anblick, als sie auf einer Bank saß, zart und zerbrechlich, Haut und Knochen, feuchte Augen, keines Wortes mehr fähig und im Schoß schweigend einen Schal zerknautschte. Das Foto hängt über unserem Schreibtisch als ständige Mahnung, niemals und unter keinen Umständen aufzugeben, bis das Ziel erreicht ist: die Abschaffung des barbarischen Brauches. Koste es, was es wolle.

In einer Zeremonie trugen 19 Afar-Mädchen ein großes Transparent mit der Fatwa von Kairo in den Raum mit den hundert Delegierten. Amina schritt voran, das Goldene Buch in den Händen, um es in den Mittelpunkt der Versammlung auf den Rednertisch zu stellen. Sie sah in diesem Moment aus wie eine Königin. Dann schaute sie zu Annette hin, die vorne auf die Mädchenschar wartete, und ein Strahlen breitete sich auf ihrem Gesicht aus. In diesem Augen-Blick erinnerte sich Annette an Aminas Augen von damals, als wir sie zum ersten Mal sahen. Tränenverhangen, stumpf. Sie, die aufgrund der erlittenen Verstümmelung verstummt war, trug das Buch, das ihre zukünftigen Töchter vor dem grausamen Brauch schützen wird. Es war ein solcher Triumph in diesem Moment, ein solcher Sieg, der Tränen in Annettes Augen zauberte. Er sagte uns: Unser Einsatz hat sich gelohnt. Dieser strahlende Amina-Blick war eine der größten Ehrungen für uns.

Ekel und Angst

»Rüdiger Nehberg? Nein, den kenne ich nicht. Nie gehört. Wer ist denn das?«

»Der hat mehrmals den Atlantik auf aberwitzigen Fahrzeugen überquert. Und er hat Deutschland von Nord nach Süd ohne Lebensmittel durchquert, außerdem ...«

»Ach, du meinst den Würmerfresser? Ja, klar, den kenne ich. Sag das doch gleich.«

Der »Würmerfresser« hängt mir nach wie anderen schlechter Achselgeruch. Aber mit diesem Hohn, mit diesem Berufsbild habe ich zu leben gelernt. Ich werte ihn als Orden. Wer sich darüber mokiert, der hat noch nie Hunger gelitten oder den Ernstfall geprobt. Dabei kann man die Würmer, denen ich den Garaus gemacht habe, an zwei, drei Händen abzählen. Okay – noch ein paar Füße dazu.

Für mich waren sie ekelhaft wie manche Tablette, aber, ganz pragmatisch, vor allem bestes Bio-Protein. Garantiert gesünder als Schweinefleisch aus der Massentierhaltung. Nie ging es mir bei ihrem Verzehr darum, sie der Menschheit als schmackhaft vorzustellen. Sie waren Nährstoffe, Kalorien wie die Fliegen, die sogar der Teufel in der Not isst. Und sie sind selbst von Tollpatschen jagdbar.

Ich habe sie runtergeschluckt, ohne sie zu kauen. Weil sie glibberig sind, vielleicht sandig, vielleicht mistig. Je nach Fundort und Grad der Reinigung. Aber sie sind Eiweiß pur, und ihr Mageninhalt bietet zumindest Ballaststoffe. Ich habe sie vernascht, ohne sie in Kontakt mit den Geschmackszentren auf meiner Zunge kommen zu lassen. Das ist die eigentliche Kunst. Augen zu und durch. Mit diesem Talent könnte ich Vorkoster für bedrohte Potentaten werden.

Sie zu reinigen, zu würzen, zu salzen und in Butter zu braten erschien mir dann doch zu snobistisch. Ekelüberwindung war bei den Trainings angesagt und nicht Gaumenfreudentaumel. Deshalb beißen sich die Kochbuchverlage mit ihren Ideen einer Sammlung von Urkuchen- und Ur-Survivalrezepten an mir die Zähne aus. Diese Köstlichkeiten bleiben mein Geheimnis.

Solche Demonstrationen habe ich nicht etwa unwillig und nur nach heftiger Überwindung durchgeführt. Ich habe sie missbraucht, weil die Würmer damals das einfachste Medium waren, mein Lieblingsthema *Survival* ins Gespräch zu bringen und in der Gesellschaft zu etablieren. Nicht zuletzt den Würmern verdankt die Republik, dass *Survival* längst ein fester Begriff, eine Branche, eine Pflichtkür für jeden Alleinreisenden ist.

Dabei waren die Würmer nur *ein* Lebensmittel aus der reichhaltigen Welt der Kleinlebewesen. Eigentlich habe ich mich durch alles durchgekostet, was da kreucht und fleucht. Müßig, das nun aufzuzählen. Dann würde dieses Büchlein zum Zoologieschinken verkommen. Erwähnen möchte ich dennoch den Sekt aus Teichwasser mit lebenden Wasserflöhen, weil er meine ureigenste Komposition ist und gesünder als jeder echte Sekt. Mein Geniestreich gewissermaßen.

Nicht unerwähnt darf das Rattenfilet bleiben. Warum in Asien dafür – plus Flugkosten – viel Geld ausgeben, wenn man die Filetbesitzer mit etwas Geschick selbst fangen und zubereiten kann?

Wenn ich dann daheim war, beengt im bürgerlichen Alltag und keine Veranlassung für Ausgefallenes bestand, dann wurde ich im Familienkreis oft belächelt, wenn ich auf manches »Normalessen« verzichtete, weil es nicht mein Geschmack war. Zum Beispiel das glibberige Eisbein. Oder Produkte, die aus qualmenden, ätzenden Fritteusen auftauchten.

Was mich in echter Survivalsituation am meisten Überwindung gekostet hat, war der Verzehr der Totenasche von Verstorbenen bei den Yanomami-Indianern. Aber dabei ging es mehr um die gesellschaftliche Verpflichtung als um Nährstoffe.

Meine Familie nennt mich essensmäßig anspruchslos und »krüsch«. Wie schon gesagt: Spinat und Spiegeleier oder Kartoffelpuffer mit Apfelkompott. Aber warum auch sollte ich alles essen, wenn es nicht von selbst rutscht? Nie vergesse ich die ungenießbaren murmelgroßen Fettkugeln aus dem Kamelhöcker bei einem Gastgeber in Mauretanien. Mit keinem noch so unkonventionellen Trick gelang es mir, meine Speiseröhre von der Notwendigkeit des Hinabwürgens zu überzeugen. Sie sträubte sich wie ein Frosch, den die Ringelnatter von hinten gepackt hat und runterschlingen will. Das klappt auch nicht, wenn er die Beine querstellt.

Mein Überlebensinstinkt war stärker als jedes pflichtgemäße gute Benehmen. Die Fettmurmeln blieben mir im Halse stecken und verhinderten wie ein Pfropf und zum Glück, dass mein sonstiger Mageninhalt vor Grauen das Weite nach oben suchen konnte.

Ich sah schließlich nur eine einzige Rettung für mich, bevor mir ganz schlecht wurde. Und das war, die Kugeln aus dem Mund unauffällig zurückzubefördern in die Hand und sie hinter mir zwischen den Sofakissen verschwinden zu lassen.

Natürlich wurden sie dort irgendwann gefunden. Petzerische Fliegen hatten dem Gastgeber das Versteck verraten. Seither hat er jeden Kontakt zu mir abgebrochen. Ich schäme mich wegen solcher Unehrerbietigkeiten. Aber dennoch bereue ich den Fehltritt nicht. Denn sonst wäre es mir ergangen wie Annettes Tochter Sophie. Sie hatte am gleichen Essen teilgenommen, wusste sich besser zu benehmen und hat alles tapferissimo geschluckt. Dafür war ihr am anderen Tag kotzübel, und sie hatte hohes Fieber. Ihr Gesicht war gelber als die Kamelhöcker-Fettkugeln.

Das hat mein Körper instinktiv vorausgesehen und dem Gastgeber eine Anzeige wegen versuchten Mordes durch Vergiftung erspart. Trotzdem meidet er seitdem jeglichen Kontakt. Undank ist bekanntlich der Welt Lohn.

Nur Annette hat den Fettkugeln getrotzt. Sie hat sie zerkleinert und in einem Rutsch geschluckt. Immer in Verbindung mit einem großen Schluck Wasser. »Ich mach einfach den Tsunami«, nannte sie das System.

Langer Rede kurzer Sinn: Ekel ist ein wichtiges Alarmsignal des Körpers. Ich habe ihn mir niemals abtrainiert, sondern nur in geordnete Bahnen gelenkt, kultiviert.

Genauso geht es mir mit der Angst. »Haben Sie denn nie Angst?«, werde ich oft gefragt. Natürlich habe ich Angst. Zum Beispiel vor Folter, vor Siechtum. Auch Angst ist ein überlebenswichtiges Alarmzeichen. Wer vorgibt, keine Angst zu haben, der lügt. Oder er war noch nie in wirklich lebensbedrohlichen Situationen. Dann ist er ein Langweiler. Angst hat neben der Alarmwirkung einen weiteren Vorteil: Sie gebiert den Mut.

Angst unter Kontrolle zu bringen und meine Reaktionen nicht in Panik ausarten zu lassen erfordert einen simplen Trick. Ich überlege vor jeder Reise, was mir schlimmstenfalls passieren könnte. Das kann man sich leicht zusammenreimen, auch wenn man die Praxis noch nie erlebt hat. Ich denke mir gegen jede Unbill eine Abwehrreaktion aus, trainiere den Ernstfall, und wenn er tatsächlich eintritt, wirft mich das Ereignis nicht gleich aus der Bahn. Dann bin ich vielleicht auch weiterhin um die entscheidenden Sekunden schneller, statt infolge von Panik gelähmt zu sein.

Auch zu Zeiten meiner Konditorei hatte ich mitunter Angst. Existenzangst. Wenn beispielsweise ein neuer Mitbewerber auf der Bildfläche erschien. Musste ich seinetwegen wieder einmal neue Register des Daseinskampfes ziehen? Würde mir das *noch* mehr Zeit klauen, die dann zulasten meiner Reisezeit zu verbuchen waren? Ist er mit seinem Warenangebot vergleichbar, und zwingt er mir einen Preiskampf auf?

Um solcher Angst die Ursache zu nehmen, schnappte ich mir ein geistreiches Präsent und gratulierte ihm zur Eröffnung. Das Geschenk konnte ich ja tröstlicherweise von der Steuer absetzen. Selbst ohne diesen Vorteil machte sich jedes Geschenk schnell bezahlt, weil es mir die Gelegenheit bot, mich mit einem Blick davon zu überzeugen, ob ich den Kollegen als Bedrohung werten musste oder ob ich ihn als durchschnittlichen und ungefährlichen Mitläufer einordnen konnte und meine Reisen gesichert blieben.

Aber noch heute kommen diese Ängste in mir hoch. Und zwar immer dann, wenn ich in einer der vielen Bäckereien einen Steh- oder Sitzkaffee trinke und mir Sortiment und Kundenfluss anschaue. Wenn dann nachmittags um 17 Uhr die Theke noch voll liegt mit fondantbeschmiertem unattraktivem Gebäck, wenn weit und breit kein Kunde zu sehen ist, wenn unattraktive Verkäuferinnen lieblos den plörrigen Kaffee rüberschieben – dann leide ich wie ein Hund, als wäre es mein Laden, obwohl solches Szenario bei mir gar nicht denkbar gewesen wäre.

Ist es Angst, wenn ich stets ein Einhand-Taschenmesser mit mir rumschleppe? Es hat weder Flaschenöffner noch Nagelreiniger noch Korkenzieher. Es hat nur eine feststellbare Klinge. Aber die ist scharf. Sie ist für mich Waffe und Werkzeug zugleich. Warum sollte ich im Falle einer Bedrohung – und davon gab es mehr als genug in meinem Leben – *wehrlos* dastehen? Es ist zumindest eine Chance mehr, als gar nichts bei sich zu haben. Das Messer ist ein fester Bestandteil meiner Garderobe. Egal ob Nachthemd, Frack oder Jeans. Auch wenn es langsam aber zuverlässig jede Jeanstasche zermürbt. Wenn ich meiner Änderungsschneiderin wieder einmal eine Jeans auf den Tisch lege, ahnt sie es schon: »Wieder die Tasche?« Ja, es ist wieder die Tasche. Ehe ich auf das Messer verzichte, zahle ich lieber die Reparaturen. Änderungsschneiderinnen wollen ja auch leben. Leben und leben lassen.

Nehberg als Politiker

»Sie haben in Sachen Kampf gegen die Weibliche Genitalverstümmelung mehr erreicht als die WHO oder irgendein Politiker. Warum gehen Sie nicht in die Politik?«

Die Antwort ist ganz einfach. Weil ich dort niemals vorankäme. Da könnte ich nichts entscheiden, ohne Kompromisse mit vielen anderen einzugehen. Da würden mir die Alten, die ihre Pfründe verteidigen, und die Phantasielosen, die gelb vor Neid würden ob der eigenen Angepasstheit, das Leben zur Hölle machen. Ich müsste mich der Parteidisziplin beugen, müsste gute Ideen der Gegenpartei in Grund und Boden rammen, wie geschehen, als unser Bundespräsident Horst Köhler zum zweiten Mal zur Wahl stand.

Für mein Empfinden hatte er sich bewährt, und dennoch musste eine Konkurrentin namens Gesine Schwan aufgestellt werden, nur um zu zeigen, dass die Opposition auch jemanden im Angebot hat. Oder um einmal eine Frau als Staatsoberhaupt vorweisen zu können. Als wäre »Frausein« schon eine ausreichende Qualifikation. Das ist sie ebenso wenig wie »Mannsein«.

Vielleicht aber *musste* diese Gegenkandidatur her als Rache dafür, dass Köhler nicht automatisch und blind sämtliche Gesetze unterschrieben hat, sondern sein Veto einlegte, wenn er das für richtig hielt. Für mich spricht das uneingeschränkt *für* ihn. Sonst wäre das Amt des Bundespräsidenten völlig überflüssig, und man könnte statt seiner einen simplen Stempel zum Bundespräsidenten küren.

Wahre Größe hätten alle Beteiligten beweisen können, wenn sie gerade wegen Köhlers Qualitäten komplett auf eine Gegenkandidatur verzichtet hätten, um sich dann beim *nächsten* Mal zur Wahl zu stellen, wenn er eine dritte Amtsperiode nicht mehr antreten kann.

Kurz und gut: als Politiker müsste ich mein Rückgrat gegen ein Parteibuch tauschen, müsste mich mit Leuten rumschlagen, die ihre Meinung grundsätzlich nicht ändern. Das war nie mein Ding. Meine persönliche Unabhängigkeit war mir immer wichtiger als jede Bindung. Ob als Angestellter, Verwandter, Familienvater, als Kurzzeitmitglied in irgendwelchen Organisationen oder ob ich selbstständig und angewiesen war auf Banken oder Kunden. Nie hätte ich mich nötigen lassen. Nie war ich jemandem bis zur Ohnmacht ausgeliefert. Selbst meine Ehe mit Annette hat immer auch die Option der Freiheit auf Selbstbestimmung.

Klar, dass man dann mit solchem Unabhängigkeitsdrang nicht Politiker wird und seine karge Restlebenszeit in endlosen Streitgesprächen vergeudet. Oder sollte ich tatsächlich monatelang für meine Ideen kämpfen, die schon deshalb schlecht wären, weil *ich* sie hatte und nicht der Parteikollege oder die Opposition? Nicht mehr nach Notwendigkeit planen zu dürfen, sondern in Vierjahresrhythmen? Das Blaue vom Himmel versprechen, ohne in irgendeiner Form daran gebunden zu sein oder haftbar gemacht werden zu können? Oder um straffrei nach der Wahl sogar das genaue Gegenteil praktizieren zu dürfen? Der Fall Ypsilanti ist mir noch gut in Erinnerung. Jeder einzelne meiner aufgezählten Punkte läuft meinem Naturell und Lebensentwurf krass zuwider.

Ich kann diejenigen verstehen, die genauso denken wie ich. Aber ich kann nicht verstehen, wenn sie, als falsche Konsequenz, nicht zur Wahl gehen, weil für sie das Wählen letztlich nur ein Abhaken vorgegebener unabänderlicher Wahlvorschläge ist – phrasenhaft, abgedroschen, austauschbar, unehrenhaft, verlogen, beliebig.

Das Fernbleiben von der Wahl wäre für mich auf jeden Fall das falsche Signal. Das hat einfache mathematische Gründe. Wenn *alle* Unzufriedenen nicht wählen gingen, und das sind viele, dann wären die Extremen sofort am Ruder. Denn sie gehen auf jeden Fall wählen. Sie (natürlich auch andere) kaufen Stimmen von Briefwählern und lassen keinen Trick aus, um ihr Ziel zu erreichen. Sie scheuen sich nicht, arglose Wähler mit aberwitzigen, unhaltbaren und für mein Empfinden kriminellen Versprechungen zur Wahlurne zu locken. »Reichtum für alle!«, »Bedingungsloses Grundgehalt für alle«, »Arbeit für alle«. Das sind nur drei solcher Beispiele, mit denen eine bestimmte dummgläubige Wählerklientel an die Wahlurne manipuliert wird. Wer darauf reinfällt, sollte seinen Stimmzettel gleich einer »Aschenurne statt Wahlurne« anvertrauen.

Wäre ich Politiker, wäre mein Spruch simpel und einprägsam: »Alles für alle«. Garantiert sicherte mir das 110 Prozent aller Stimmen.

Volksfänger dieser Couleur hätten womöglich bald die Mehrheit, und die Demokratie wäre im Handumdrehen beendet, und wir hätten eine Diktatur nach den Vorbildern Iran, Nordkorea, Nazi-Deutschland.

Mich erschreckt die Gleichgültigkeit der Nichtwähler. Als wäre Demokratie selbstverständlich und unkündbar. Nicht zu wählen ist der falsche Protest. Fahrlässig und desinteressiert setzen Nichtwähler mit ihrer Ignoranz die hohen Werte der Demokratie aufs Spiel, empfehlen sich mit ihrer Enthaltung jedem verkappten Diktator als spätere willfährige Befehlsausführer. Es sind diese gleichgültigen Nichtwähler, mit deren Hilfe Diktaturen zustande kommen und florieren.

Hätte ich das Sagen, würde ich Wahl*pflicht* einführen, obgleich ich mir denken kann, dass sie die Wahlresultate nicht nennenswert verändern würde. Aber ich meine, wir schulden es unseren toten Vorfahren und Freiheitskämpfern, wählen zu gehen.

Deshalb mag jeder Nichtwähler froh sein, dass ich *nicht* in die Politik gegangen bin. Sonst würde ich jeden einzelnen mit einer Legislaturperiode Verbannung in eine Diktatur bestrafen. Ohne Geld, ohne Handy und ohne den Schutz der deutschen Botschaft.

Um eine Diktatur zu verhindern, gehe ich wählen, und sei meine Stimme auch noch so schwach. Aber immerhin bin ich Wechselwähler, und ich stehe in Kontakt mit anderen Wechselwählern, die ihrerseits weitere solche Kontakte pflegen. Das macht meine Stimme stark. Ich wähle nicht automatisch immer dieselbe Partei, sondern versuche wenigstens an diesem Tag, mein noch so kleines Scherflein zum Erhalt der Werte beizutragen.

Das rührt daher, dass ich die Güte dieser Staatsform schätzen und ehren gelernt habe. Immer dann, wenn ich Länder bereist habe, in denen die Menschenrechte mit Füßen getreten werden, in denen Armut grenzenlos und unüberwindbar ist, in denen Bildung verweigert wird.

Als Augenzeuge solcher Willkür ist mir die Ohnmacht der Bevölkerungen bewusst geworden. Kaum je kann sie sich selbst vom Joch der Sklaverei befreien. Die Systeme sind perfid perfekt. Dann bedarf es der Hilfe von außen, von Freunden, von Verbündeten. Wo wäre Deutschland heute, wenn nicht die Alliierten es von den Nazi-Verbrechern befreit hätten? Millionen und Abermillionen von ihnen und unseren Vorfahren – und das schon seit unvordenklichen Zeiten – haben für unseren gegenwärtigen Wohlstand ihr Leben gelassen. Ob sie gegen die Nazis kämpften, gegen fremde Eroberer, alte Adelshäuser oder die Kirche. Noch nie hatten unsere Vorfahren so lang anhaltenden Frieden, so viel Freiheit, Würde, Reichtum und Entwicklungsmöglichkeiten wie wir heute. Bis hin zu dem Absurdum, dass selbst *ich* Politiker werden könnte. Verhüte das Gott! Ich liebe zwar Haie, aber ich hasse die Haie im Haifischbecken der Politik.

Hätte ich auch nur einen einzigen Tag lang das Sagen, würde ich, auch gegen den Willen der Mehrheit, eines zu allererst einführen. Und das wäre die persönliche Haftung eines jeden einzelnen Politikers bei Nichteinhaltung seiner Versprechen. Der Vertragsbruch zulasten des Wählers würde ich mit Geldstrafen und Berufsverbot belegen. Ergibt sich die Frage: Wer soll denn dann das Land regieren? Wer von all unseren Führern bliebe dann noch übrig? Empfehlungen nehme ich gern entgegen.

Und geradezu unsterblich würde mich die Entscheidung machen, die Umstellung von Sommer- und Winterzeit abzuschaffen. Dafür wäre mir der Ökonomie-Nobelpreis sicher.

Nach all diesen beinharten Entscheidungen würde ich mir einen Espresso gönnen und mich fragen, warum das so einfach war und warum Politiker es in mehreren Generationen nicht zustande gebracht haben.

Was mich auch erstaunt, ist die chronisch-lauthalse Forderung nach immer noch mehr Wohlstand bei gleichzeitig immer weniger Eigenleistung und Eigenverantwortung. Diese Maßlosigkeit des Immermehr, vorgelebt von Bankmanagern und Konzernfürsten, bringt jedes Wirtschaftssystem in die Gefahr, sich zu ruinieren und seine internationale Wettbewerbsfähigkeit einzubüßen. Mich schockt und beängstigt diese Dekadenz. Daran sind schon ganz andere Reiche zugrunde gegangen. Dass wir es nicht schon längst sind, liegt an solchen Dummbacken wie mir, die fleißig und lebenslang ihren Job machen, treudeutsch ihre Abgaben entrichten und irgendwie dann doch widerspruchslos die Illusion leben, »die da oben« würden es schon richten.

Doch zumindest leiste ich mit meiner Arbeit den mir größtmöglichen Beitrag zur Völkerverständigung und bemühe mich, Missstände zu beheben. Seien sie von globaler Bedeutung, wie beim Freiheitskampf der Yanomami-Indianer oder dem Kampf gegen Weibliche Genitalverstümmelung. Oder seien sie nur im Kleinkosmos von Bedeutung. Wie im Falle der Patenschaften für unsere vier Afar-Mädchen. Oder wie im Falle der Krankenstation bei den Waiapí-Indianern im brasilianischen Regenwald.

Unseren Politikern könnte ich zwei Ratschläge geben. Wenn ihnen in einer stillen Stunde der Selbstanalyse klar ist, dass sie jede Bodenhaftung und den Kontakt zum »kleinen Mann« auf der Straße längst verloren haben, dann sollten sie sich ein Beispiel nehmen an König Abdullah von Jordanien. Zu Anfang seiner Regierungszeit ist er, wie in *Tausendundeiner Nacht*, immer wieder, verkleidet als »Normalbürger« in den verschiedensten seiner Behörden aufgetaucht und hat sich einen unmittelbaren und unverfälschten Eindruck von Korruption und Willkür verschafft.

Wer das nicht zuwege bringt, der könnte zumindest das Experiment wagen, einen »Rat der Weisen« ganz anderer Art zu etablieren. Ein Gremium bestehend aus beispielsweise einer alleinerziehenden Mutter mit drei Kindern, einem Rentner, einem Hartz-IV-Empfänger, einem Arbeitgeber, einem Landwirt und einem Sozialhilfe-Schmarotzer, einem Lehrer, um nur wenige Beispiele zu nennen. Also wirklich Repräsentanten unterschiedlichster Machart.

Und ein solches Ohr-am-Volk-Gremium sollte der um sein Charisma werbende Politiker gleich nach seiner Wahl und nicht vier Wochen vor der Neuwahl ins Leben rufen. Dann bliebe ihm die Peinlichkeit erspart, die verlorene Wahl dennoch krampfhaft und lächerlich als Sieg verkaufen und sich fragen lassen zu müssen, warum Männer wie Horst Köhler,

Willy Brandt, Freiherr Karl-Theodor zu Guttenberg, Michael Gorbatschow oder Barack Obama so beliebt sind.

Und ehe ich's vergesse: ich würde das deutsche Grundgesetz in möglichst viele Sprachen übersetzen und auf die Homepage der Bundesregierung setzen, damit jeder Mensch dieser Erde sich informieren kann, welche hohen Werte auf der Welt existieren. Begriffe wie Würde, Pressefreiheit, Religionsfreiheit, Mitbestimmung werden viele Menschen in den weniger privilegierten Ländern noch nie vernommen haben. Auch Artikel 1 der »Allgemeinen Erklärung der Menschenrechte« wird sie fassungslos machen. Wenn es heißt: »Alle Menschen sind frei und gleich an Würde und Rechten geboren. Sie sind mit Vernunft und Gewissen begabt und sollen einander im Geiste der Brüderlichkeit begegnen.« Oder Artikel 2: »... ohne irgendeinen Unterschied, wie etwa nach Rasse, Farbe, Geschlecht, Sprache, Religion, politischer oder sonstiger Anschauung, nationaler oder sozialer Herkunft, Vermögen, Geburt oder sonstigem Stand.«

Vielleicht kann diese unsere Realität den Geschundenen Hoffnung und Kraft geben. Globalisierung pur. Bundesrepublik Erde.

Frauen

Rüdiger hatte nur drei Hauptfrauen und ungezählte Nebenfrauen, liebe Freundinnen. Hört sich an wie Zustände im Harem. Trifft aber nicht zu. Denn ich hatte sie nacheinander, und nur kurzfristig auch nebeneinander. Nie war es mir wichtig, damit an die Öffentlichkeit zu gehen. Dafür waren mir die Freundschaften zu wertvoll, zu intim, zu privat.

Bestimmt hatten die Betroffenen es nicht leicht mit mir. Es ist vor allem meine Ungeduld, die Abwesenheit jeglicher Muße, die mich schwierig macht. Auch meine Schwerhörigkeit spielt eine abtörnende Rolle. Vieles muss wiederholt werden. Anderes verstehe ich falsch. Vokale höre ich besser als Konsonanten. »Möchten Sie eine *Brause*?«, interpretiere ich – Wunschdenken – als »Möchten Sie eine *Frau sehen*?« Und das verursacht peinliche Momente. Vor allem wenn das beim deutschen Botschafter in Khartum geschieht nach einer viermonatigen Karawane ohne Frauen.

Und es ist meine Rastlosigkeit, die mich von Idee zu Idee treibt. Ständig wirbeln mir neue Gedanken und Pläne durch den Kopf, die ich am liebsten gestern schon realisiert hätte. Ich bringe es fertig, die romantischste Stunde kurz zu unterbrechen, weil da eine neue Idee aufgetaucht ist, die darauf drängt, schriftlich notiert zu werden.

So lernten die Lebensabschnittsbegleiterinnen einen Rastlosen kennen und ich mitunter Ratlose. Frauen, die es nicht verstanden, Interessen auszubauen, Gemeinsamkeiten zu entwickeln, mehrere Visionen gleichzeitig zu leben. Dabei finde ich die Verschiedenartigkeit der Menschen zwar hochinteressant, aber wenn Unterschiede sich irgendwann zu Gegensätzen mauserten, dann keimte und gedieh unaufhaltsam der Wunsch nach Trennung.

Es war auch die *Verschiedenartigkeit* der Frauen, die mich faszinierte und die auf mich einen unbezwingbaren Sog ausübte. Nicht minder stark als Hunger, Durst und Schlafbedürfnis. Und das jeweils umso stärker, wenn in der gerade bestehenden Beziehung etwas kriselte, wenn Wünsche unerfüllt blieben, wenn der Sog des Neuen verlockender war als die Werte der bestehenden Partnerschaft und die möglicherweise angestrebte Treue.

Traf ich in solchem Zustand auf eine Frau, deren Beziehung ähnlich ablief wie meine, dann bedurfte es manchmal nur winziger erotischer Signale, und man fand zueinander.

Nicht selten war ich erschrocken, aus welchen Partnerschaften sie selbst geflohen waren. Verglichen mit ihnen ging es mir ausgesprochen gut, weil ich es so weit nie kommen ließ. Sie flohen aus Beziehungen, in denen man in zwei Jahrzehnten ein einziges Mal miteinander geschlafen hatte, mit dem einzigen Ziel, ein Kind zu zeugen. Ehen, in denen man feststellte, dass ein Partner den anderen nur als Alibi missbrauchte, um seine Homosexualität zu kaschieren, oder der Gatte seine Frau als Nymphomanin beschimpfte, weil sie öfter mit ihm kuscheln wollte, als er selbst Verlangen danach verspürte. Kein Gespräch. Keine Kompromissbereitschaft. Leere.

Das wirksamste Dauerbindemittel zwischen meinen Partnerinnen und mir war stets eine besondere Fülle gemeinsamer unvergleichlicher Interessen. Das sind für mich nicht Theaterbesuche oder Tanzabende, sondern Interessen wie der Kampf für die Menschenrechte mit allen Nuancen – von der einfachen Bedrohung bis hin zur höchsten Lebenserfüllung.

Meine Lernfähigkeit lehrte mich, dass manche Lebensverläufe mit den meinen einfach nicht kompatibel waren und irgendwelche Attraktionen, deretwegen man sich kennengelernt hatte, die Nachteile nicht mehr aufwogen. Mal waren es die Frauen, die Schluss machten. Mal war ich es. Immerhin lernte ich so die Unterschiedlichkeit der Lebewesen kennen, und ich erfuhr einiges Überraschende. Manchmal geradezu Sensationelles, das meiner Lernfreude fast schon hektisch entgegenkam. Dass zum Beispiel ein Deostift dem Anwender einige unnötige Waschungen erspart. Welch ein Zeitgewinn! Oder dass Waschbecken sich auch von unten über die Begegnung mit dem Waschlappen freuen. Oder dass gemusterte Hemden nicht so schnell schmutzig werden wie einfarbige. Manchmal halten die sogar länger als eine Woche! Vor allem die schwarzen. Was ließ sich da an Waschmitteln, Zeit und Geld sparen! Schließlich war ich kriegsnotzeitengeprägt. Man sparte an allen Enden. Da hatte ich zwangsläufig gelernt, dass man Bindfaden nicht wegwirft, sondern fein säuberlich aufrollt für die Wiederverwertung. Oder dass Zeitung, auf Postkartengröße zurechtgeschnitten, das Toilettenpapier ersetzt und bei der Gelegenheit sogar seine Druckerschwärze abgibt.

Mit Maggy, meiner ersten Angetrauten, verband mich viel Sympathie. Wir waren jung, wenig erfahren, altersbedingt hormongesteuert (ich) und gesellschaftsdruckgeprägt (Maggy). Daraus erwuchs eine Tochter, Kirsten, heute Schauspielerin. Eine Saison lang betrieb sie mit einer befreundeten Schauspielertruppe in einem der Geschosse meiner Rausdorfer Mühle ein Theater. »Zucker und Salz« – ein Lustspiel teameigener Schreibe und Inszenierung, sechzig Sitzplätze, sehr persönlich mit zwei Lagerfeuern zwischen Haus und See in der Pause. Dass das Publikum das Stück gut fand, schloss ich daraus, dass niemand sagte, meine Feuer wären besser gewesen.

Weil ich mit dem Aufbau des Konditoreibetriebes voll ausgelastet war, konnte ich meine Pflichten als Vater nur sehr mäßig erfüllen. Dazu kommt, dass ich nicht der Vatertyp bin, der sich ununterbrochen mit der Nachzucht beschäftigen möchte. Das ist zum einen Egoismus, zum andern eine Frage der Prioritäten. Das Indianerproblem hatte für mich einen weit höheren Stellenwert als das familiäre.

Damit nicht noch mehr Kinder unter mir zu »leiden« hätten, habe ich mich kurzerhand sterilisieren lassen. Pragmatisch und irreversibel. Eine Entscheidung, die ich nie bereut habe. So darf ich sicher sein, nicht irgendwo auf der Welt unbekannterweise weitere Kinder zu haben. Im ganz Stillen und voller Heimtücke habe ich immer darauf gewartet, dass irgendeine Freundin behauptet, sie erwarte ein Kind von mir. Eine solche Überraschung ist mir jedoch erspart geblieben. Das spricht einerseits für meine gute Wahl und Menschenkenntnis und andrerseits für den guten Charakter meiner Freundinnen. Ich danke ihnen allen!

Maggy teilte meine Idee, uns mit einer Konditorei in Hamburg selbstständig zu machen, und war während der 25 Jahre der gute Geist im Laden, die Verbindung zu den Kunden. Mir selbst lag es nicht, hinter der Theke zu stehen und lange Gespräche über fremder Omas Rezepte und meine Reisen zu führen. Und darüber, ob ein Mehlwurm oder ein Butterkuchen besser schmeckt. Da hielt mir Maggy den Rücken frei.

Wir legten Wert auf ein gutes Betriebsklima. Ich wollte alles besser machen, als ich es bei meinen Chefs während der Gesellenzeit erfahren hatte. Bei uns gab es übertarifliche Bezahlung, Betriebsbesprechungen, Mitspracherecht, Kundenumfragen und immer wieder fachlich auffallende und auch politisch geprägte Schaufenster. Michael Gorbatschow habe ich in Lebensgröße aus Marzipan modelliert und ihm den Nobelpreis bereits verliehen, bevor man das in Stockholm überhaupt angedacht hatte. Bestimmt habe ich die Kommission erst auf die Idee gebracht.

Oder so simple »Schmunzler« wie das von der Decke hängende Schildchen »Hier befinden Sie sich über dem Mittelpunkt der Erde«. Auf dem Fußboden war, wie bei einem Grenzstein, ein Kreuz eingraviert. Ein altes Mütterchen schaute sich das immer wieder an, schüttelte fasziniert den Kopf. »Der Nehberg hat aber auch immer ein Glück! Genau hier hat ausgerechnet *er* seinen Laden.« Diese Individualität ist unter meinem Nachfolger verloren gegangen.

Dass Maggy mich neben dieser Arbeit Jahr für Jahr auf meine speziellen Reisen ziehen ließ, rechne ich ihr bis heute hoch an. Nie stand für sie zur Debatte, mich zum Blauen Nil, über den Atlantik, in den Regenwald oder durch die Danakilwüste zu begleiten. Das war nicht ihr Ding, aber sie hatte die Größe, mich ziehen zu lassen, und ich war rücksichtslos genug, meine Interessen wahrzunehmen. Manchmal war ich vier Monate fort, oft ohne Kontakt zu Deutschland.

Die Folge: Allmählich drifteten unsere Interessen auseinander. Das Reisen, später das *Abenteuer mit Sinn*, das Engagement gegen die Menschenrechtsverletzungen in Brasilien, wurde zu meinem Hauptberuf. Nach 25 Jahren Selbstständigkeit verkaufte ich den Betrieb mit Grund und Boden und allen handwerklichen Idealen. Ich wurde Aktivist für Menschenrechte. Maggy übernahm eine ehrenamtliche Tätigkeit in der Altenpflege. Vielleicht bin ich eines Tages ein Pflegefall, der bei ihr landet.

Klar, dass sich im Laufe einer solchen Ehe auch Maggys Interessen verlagerten. Sie liebte ihren Freundeskreis. Ich tauchte da meistens nur als Exot auf, der gerade von irgendwo zurückkehrte und im Begriff war, bald schon wieder irgendwohin abzureisen.

Wir entschlossen uns, unseren Besitz halbe-halbe zu teilen und uns zu trennen. Alles ohne ein böses Wort.

Schon während der Ehe begegnete ich Christina Haverkamp,

studierte Lehrerin. Sie nahm an einem meiner Survivallehrgänge teil. Sie fiel mir auf, weil sie viele meiner vorgeturnten Übungen sofort beherrschte und oft besser machte. Okay, sie war auch um einiges jünger. Außerdem war sie blond, schlank, sportlich und kess. Ein menschlicher Gummiball, zäh wie der viel gerühmte unverwüstliche Turnschuh. An den Seilen, an der Kletterwand, bei den medizinischen Disziplinen oder am Lagerfeuer – Christina ließ alle anderen Teilnehmer alt aussehen. Nie war sie müde, den ganzen Tag Power. Und nachts genauso. Schon vier Wochen nach dem Training bei mir gab sie eigene Kurse und war bald überlaufen. Sie könnte locker eine Survivalschule betreiben. Doch daraus wurde nichts. Auch ihr Leben nahm noch einmal eine andere Wendung.

Als ihre größte Leistung betrachtete sie den Entschluss, trotz des mühsamen Studiums unter keinen Umständen ein Lehramt angenommen zu haben. Freiheit bedeutete ihr alles, und als Lehrer ist man gebunden an Schulgesetze, Konventionen, unmögliche Schüler und ebensolche Eltern, die nur eines gut finden: ihren Nachwuchs.

Stattdessen reiste sie mit Freunden und allein durch Südamerika, lebte von Straßentheater, hatte irgendwann ein eigenes Kapitänspatent nebst Segelboot und befasste sich beruflich mit schwer erziehbaren jungen Menschen. Wegen ihres unkomplizierten Wesens kam sie mit ihren Zöglingen gut klar. Aber Erfüllung fand sie auch bei dieser Tätigkeit nicht. Viele Schüler wurden rückfällig. Sie war auf der Suche nach Erfüllenderem.

Als sie abends am Lagerfeuer meine Indianergeschichten hörte, stand für sie fest: der Urwald und das Engagement gegen die drohende Ausrottung der Yanomami-Indianer durch eine Armee von Goldsuchern – das wird ihre neue Herausforderung, ihre absolute Erfüllung!

Prompt reisten wir gemeinsam und waren bald ein unzertrennliches Duo, Freunde der Indianer und Schrecken der Goldmafia. Christina ließ sich ausbilden im Schießen, absolvierte ein Training bei den Kampfschwimmern, stand auf Du und Du mit den Malariamücken – sie war nicht totzukriegen. Nichts war ihr zu riskant. Sie mischte sich mit mir unter die Goldsucher, wir arbeiteten undercover als »Malariahelfer«, »Goldwäscher« und »TV-Journalisten«. Sie brachte Interviews mit den Mafiabossen und Ministern und Gouverneuren zustande, wo ich kaum bis in deren Vorzimmer gelangt wäre.

Sie, die Frau mit dem Kapitänspatent, segelte mit mir auf dem Bambusfloß über den Atlantik. Nach geglückter Landung in Brasilien ihr spontaner Vorschlag: »Wir fahren weiter bis vors Weiße Haus in Washington und stören die 500-Jahrfeier der USA!«

Die Feiern stören. Super. Das musste sie mir nicht zweimal sagen. Auch ich hatte damit schon geliebäugelt. Denn die USA hatten gewaltige Festlichkeiten angesetzt, um sich als tolle Demokratie zu beweihräuchern. Von Gedenkstunden zu Ehren der ermordeten Urbevölkerung kein Wort. Also nichts wie hin! In riesigen Lettern auf dem Segel unsere Provokation: »500 Jahre Amerika. 500 Jahre Völkermord!« Und einige Sätze mehr. Denn wir wussten, auf dem Ozean und bei diesem tollen »Hingucker«-Floß haben die Leute reichlich Zeit zum Lesen. Da muss nicht alles auf zwei Worte reduziert werden, um in die Nachrichten zu kommen.

Christina erblühte zu einer unbesiegbaren Kämpferin für die Rechte der Yanomami. In ihr hatte ich eine gleichwertige Partnerin gefunden. Wir spielten uns die Karten zu und übertrumpften uns an Ideen und Wahnsinn. Ich mag selbstbewusste Frauen. Und ganz nebenbei machte ich die Erfahrung, um wie viel anders eine Mann-Frau-Reise verlaufen kann, wenn man sich mag und aufeinander eingespielt ist. Abgesehen von den zwischenmenschlichen Vorteilen, erlebte ich erstmals eine entschieden begeistertere Aufnahme bei den Indianern, eine ganz andere Neugier, ein Zutrauen, das beglückte. Als Paar wirkt man ungefährlich. Das bekamen wir bei fast allen Gold-Mafiosi und Politikern zu spüren. Sie empfingen uns mit reduziertem Misstrauen und größerer Gesprächsoffenheit.

Als die Yanomami im Jahr 2000 aufgrund des allmählich gewaltig angestiegenen internationalen und nationalen Drucks offiziell einen akzeptablen Frieden erhielten, wurde es mir im Wald zu ruhig. Gemeinsam bauten wir noch am Rio Marauià, einem Nebenfluss des Rio Negro, eine Krankenstation mit Schule für die Yanomami des Dorfes Ixima. Aber immer noch eine weitere Station zu bauen, war nicht mein Ding. Das konnten all die Organisationen der Trittbrettfahrer machen, die plötzlich zuhauf auftauchten und sich um die Yanomami kümmern wollten. »Pro Yanomami« zu sein, war plötzlich »in«, war spendenträchtig.

Ich sehnte mich nach einer neuen Herausforderung. Christinas und mein Weg trennten sich in Freundschaft. Sie gilt heute unter den Yanomami Brasiliens und Venezuelas als »Häuptlingsfrau mit den weißen Haaren«, hat mehrere großartige neue Hilfsstationen errichtet und träumt von einem eigenen, zum Hospital umgebauten, dreigeschossigen Amazonasdampfer, mit dem sie die Flüsse zu den Yanomami abfahren will (www.yanomami-hilfe.de).

In der Phase der Trennung habe ich Annette kennengelernt. Sie kam mit ihrem zwölfjährigen Sohn Roman zu einem meiner Vorträge in Offenburg und kaufte ihm ein Buch. Sie gefiel mir auf Anhieb, trug keinen Ring, Symbol der Freiheit auf dem Weltmarkt der Gefühle.

Um mit ihr in Kontakt zu kommen, heuerte ich ihren Filius als Helfer am Projektor an. Noch bevor der das erste Magazin wechseln musste, wusste ich, dass er eine kleine Schwester namens Sophie hatte, die Mama gelernte Arzthelferin war, sein Vater begnadeter Kunstmaler, beide jedoch getrennt lebten. Beste Voraussetzungen für einen neuen Lebensabschnitt.

Die Cola nach dem Vortrag, obwohl ohne Rum, löste ihre Zunge. Sie hatte sich schon immer für Indianer interessiert, engagierte sich bei *amnesty international*, Sohn Roman war Survivalfreak und kannte mich von einer ZDF-Jugendserie zu diesem Thema. Er hatte die Vortragsplakate in Offenburg hängen sehen und seine Mutter zu mir geschleppt. Er wurde ungewollt zu unserem Kuppler. Aus dieser Begegnung entwickelten sich schnell Zuneigung, Gemeinsamkeiten, Zusammenarbeit, Zusammenleben.

Sie hat mich beispielsweise begeistert, als sie einmal nachts im Urwald auf nur hundert Metern drei (!) Kobras begegnete (so was suche ich sonst Monate lang vergeblich), die sich drohend vor ihr aufrichteten. Andere Menschen wären schreiend davongelaufen. Annette stand beglückt da, respektierte das Warnverhalten und nahm einen Umweg. Um dann der nächsten Kobra zu begegnen.

Ein anderes Mal war es eine handtellergroße Vogelspinne, die sie sich in ihr Gesicht setzte und mich dabei glücklich anstrahlte. Mit solchen Menschen teile ich mein Leben gern.

Nach zwölf Jahren »Probezeit« die Konsequenz: unsere gesellschaftliche »Ehrbarwerdung« durch Heirat. Eigentlich waren wir beide davon überzeugt, diesen Schritt nicht zum zweiten Mal im Leben zu wagen. Aber wenn man sein Leben nicht nur von der emotionalen Seite sieht, sondern auch von der wirtschaftlichen, zumal in meinem Alter von 75 Lenzen und Herbsten, dann muss ein Vorsatz auch revidierbar sein. Uns war klar, dass die Heirat nichts an unseren gegenseitigen Gefühlen ändern würde. Nach so vielen Jahren des Miteinanders weiß man, worauf man sich einlässt. Da erübrigte sich sogar der Heiratsantrag. Als »Gag des Tages«, mein Lebenselixier, bat ich allerdings meine Schwiegermutter in spe um die Hände ihrer

Tochter. Telefonisch. Und ich genoss es, wie ihr der Unterkiefer hörbar runter- und sie selbst vom Glauben abfiel.

Annette formulierte unsere Fusion dann auch mal recht pragmatisch: »Heirat bedeutet für uns nicht, einander anzuschauen wie Jungverliebte, sondern im Gleichtakt der Leben in die gleiche Richtung zu blicken.« Das sei im Übrigen die einzige Möglichkeit, mit mir zu leben.

Interessant, die Frau hat Formulierungstalent. Oder wollte sie mich beleidigen? Ich muss ja wohl grauenhaft sein. Aber egal. Weiter geht's.

Ich selbst hätte solchermaßen Bedeutungsvolles weniger poetisch formuliert: »Wir glotzen gemeinsam in Richtung Ziel.« Kurz und klar.

Zurück zum Tag im Standesamt. Fast hätte ich ihn vergessen. Ich hatte ihn in aller Hektik eine Woche später in den Kalenderblock eingetragen. Als Annette dann aber strahlend vom Friseur kam und fragte, ob Freund Klaus mir denn nun seinen dunklen Anzug geliehen hätte, war mir klar, was anlag.

Nur zwei Stunden später dann der Beginn eines wunderschönen Tages im Beisein von Annettes erwachsenen Kindern und einem guten Freund, abends ein schönes Essen in einem Restaurant am Elbfleet, die Hochzeitsnacht im Elysée und nur wenige Stunden später der Aufbruch in die »Flitterwochen« nach Äthiopien und in den Brutofen Djibuti, wo wir mit der Verteilung unserer Goldenen Bücher beginnen wollten. Vor der Hochzeitsreise notierte ich vorsichtshalber noch schnell den Tag unserer Silberhochzeit, den 11.11.2034. Eine solche Terminverwechslung sollte mir nicht noch einmal passieren. Dann bin ich frische 101 Jahre alt und krieg die Silberhochzeit gar nicht mehr auf die Reihe. Natürlich baue ich darauf, dass Annette den Tag fest im Blick hat und mich erinnert. Schließlich ist sie fast 25 Jahre jünger als ich. Da kann man das schon verlangen.

»Von wegen Hochzeitsreise! Das ist Zittern statt Flittern«, klagte Annette, als eine Stunde *nach* dem eigentlichen Tagungsbeginn nur drei von vierzig unserer Gäste eingetrudelt waren. »Machen Sie sich keine Sorgen,« tröstete der Geschäftsführer des renommierten Hotels. »Die kommen noch.«

Er behielt recht. Mit einer Stunde Verspätung fanden sie sich ein. Einer nach dem anderen, als wir schon den Riesen-GAU befürchtet hatten. Dabei dachte ich immer, Afrika längst zu kennen.

Aber kaum wieder daheim im kühlen Schleswig-Holstein, widerrief Annette die Zitter-flitter-Aussage. »Ich könnte mir keine schönere Hochzeitsreise vorstellen.« Sie sprach mir aus der Seele.

Was hatte – außer der gelungenen Konferenz – den Umschwung bewirkt? Da war die beglückende Zusammenkunft mit den 46 jungen Müttern, die unter freiem Himmel schworen, ihre Töchter unbeschnitten zu lassen. Da war die Begegnung mit der Mutter unseres vierten Patenmädchens Eri, die plötzlich vor Lebenslust nur so strotzte. Als wir sie kennengelernt hatten, war sie eine gebrochene Frau gewesen, die im Dorf gemieden wurde. Der Grund: Sie hatte ihre Tochter »unehelich« bekommen. Der Erzeuger hatte sich aus dem Wüstenstaub gemacht und sie sitzen gelassen. Sie lebte von milden Gaben ihrer Verwandtschaft und wog mit 26 geschätzten Jahren nur ebenso geschätzte 26 Kilo. Haut und Knochen, die von ihrem einzigen Gewand zusammengehalten wurden.

Ihre Tochter Eri war uns durch ihre aufgeweckte Art aufgefallen. Sie war etwa elf, zwölf Jahre alt, 18 Kilo leicht, eines der zwanzig verstümmelten jungen Mädchen, die auf unserer Konferenz von Addis Abeba das Transparent mit der Fatwa von Al-Azhar hereingetragen hatten. In dem Film »Karawane der Hoffnung« von »Galileo« (Pro7) wurde sie zur »Hauptdarstellerin«. Wir übernahmen die Patenschaft.

Eri kannte im Handumdrehen alle unsere deutschen Namen (zehn Personen), sie hatte noch nie ihr Wüstendorf verlassen und sprach dennoch drei Sprachen. »Die habe ich aufgeschnappt, wenn die Händler dieser verschiedenen Völker zu uns auf den Markt kamen.« Und Eri hielt vor den hohen Geistlichen der Horn-von-Afrika-Länder eine flammende Rede.

»Wenn ich einmal eine Tochter bekomme, werde ich sie nicht verstümmeln lassen, denn das ist verboten.«

Eris Mutter richteten wir in ihrer armseligen Hütte aus aneinandergestellten Ästen eine kleine »Cafeteria« ein. Das waren Röst- und Kaffeegeschirr, sechs Hocker, ein Sack Zucker und ein Sack grüne Kaffeebohnen. Unterstützt von einer pfiffigen Nachbarin, hatte sie am ersten Tag bereits einen Umsatz von vierzig Tassen Kaffee gemacht und am zweiten bereits hundert. Plötzlich war sie, die Gemiedene, Mittelpunkt der Dorfgemeinschaft, zu der die Frauen strömten, das erste »Kaffeehaus für Frauen«.

Und diese Mutter strotzte jetzt nur so von Selbstbewusstsein. Das war eine weitere beglückende Erfahrung unserer Hochzeitsreise.

Das Glück setzte sich fort. Distrikt-Sheikh Hussein Nuur Omar bot uns kostenlos einen wunderschön gelegenen, noch im Bau befindlichen Gebäudekomplex an, ein Minikrankenhaus, das von der Regierung gebaut wurde. Der Platz liegt inmitten großer Kakteen und Schirmakazien. Annette war begeistert: »Daraus könnten wir eine Geburtshilfestation machen und ein kleines Paradies zaubern. Ich sehe hier schon Dattelpalmen und von bunten Blumen berankte Mauern.«

Da das Projekt zudem noch im Geburtsort unseres deutsch-äthiopischen Projektleiters Ali Mekla lag, würden wir jede Unterstützung durch die Bevölkerung erhalten.

Fortuna blieb uns weiter hold. In Addis Abeba war es das Eintreffen unseres Doppelcontainers mit Goldenen Büchern.

50 000 an der Zahl – ein imposanter Eindruck. Sie sollten nun in alle äthiopischen Moscheen verteilt werden.

Und schließlich war es die Begegnung mit den übrigen drei Patenmädchen. Inzwischen waren sie richtige junge Damen geworden und Beste ihrer Schulklassen.

Was also will man mehr von einer Hochzeitsreise erwarten? Nichts.

Was uns besonders überrascht und berührt hat, war die große Resonanz auf unsere Hochzeit aus allen Teilen Deutschlands. Wildfremde Menschen gaben uns das beglückende Gefühl, dass sie sich mit uns freuen. Ich gestehe, darüber nachgedacht zu haben, ob man nicht alle paar Monate erneut heiraten sollte.

Zwischen der ersten Begegnung mit Annette und heute liegen Welten. Oft frage ich mich, wo ich stünde ohne sie. Ich empfinde sie als die perfekte Ergänzung. Gemeinsam haben wir uns zunächst eines anderen Indianervolkes in Nordost-Brasilien angenommen. Es sind die Waiapí, denen wir eine medizinische Hilfsstation gebaut haben und die wir regelmäßig besuchen, um die Station instand zu halten. So sind wir dem Urwald und den Ureinwohnern treu geblieben.

Aber dieses Projekt, damals unser ganzer Stolz, schrumpfte zu einem Mikroprojekt neben der neuen Herausforderung, die unser beider Leben von Grund auf umgekrempelt hat. Jener Kampf gegen das Verbrechen der Weiblichen Genitalverstümmelung.

Gründung von TARGET

Wie kommt man auf die Idee, eine Menschenrechtsorganisation zu gründen? Es gibt doch schon genug. Das will ich erklären.

Wir hatten in Amsterdam das Buch *Wüstenblume* gelesen. Auf einmal kamen mir die Erinnerungen an meine Durchquerung der Danakilwüste 1977. Damals war mir die junge Frau Aisha begegnet. Von ihr hatte ich erstmals mehr über dieses unsägliche Leid erfahren, das Frauen erdulden müssen. Aber nicht im Entferntesten wäre mir zu jener Zeit der Gedanke gekommen, mich in die fünftausend Jahre alte Tradition einzumischen. Zu verwurzelt schien sie mir, zu unabänderlich. Es fehlte mir die Erfahrung aus der Yanomami-Zeit. Die Erkenntnis, dass auch scheinbar Unmögliches möglich werden kann. Die Erkenntnis, dass sich niemand für zu gering halten sollte, etwas zu verändern, das ihn stört. Und wirke es noch so utopisch, noch so aberwitzig und unlösbar. Wichtig sind einzig die richtige Strategie und das Durchhaltevermögen. Und davon hatten wir reichlich.

Sowohl bei Wüstenblume als auch bei Aisha war diese maßlose Schändung unrichtig mit dem Koran begründet worden. Wir fragten uns, wie die Weltreligion Islam sich neben allem Terror nun auch noch dieses Verbrechen widerspruchslos in die Schuhe schieben lassen konnte? Und so war der Gedanke nicht mehr fern, die höchsten Geistlichen über die Monstrosität der Praxis aufzuklären und zu bitten, den Brauch zur Sünde erklären zu lassen.

Jetzt hielt uns jeder für durchgeknallt, für größenwahnsinnig, mich für senil. Keine der damals existierenden Organisationen, die gegen den Brauch kämpften, konnten wir für unsere Vision und eine Zusammenarbeit erwärmen. Die ablehnenden Argumente reichten von »Was geht das Männer an?« über »Der Brauch ist automatisch beendet, wenn der Hunger in Afrika beendet ist«, bis hin zu »Der Islam ist absolut nicht dialogfähig.«

Damit standen wir gleich vor einer Doppelaufgabe. Es galt, nicht nur den misshandelten Frauen zu helfen und das millionenfache Blutbad zu beenden, sondern auch die Verallgemeinerungen hinsichtlich des Islam zu relativieren.

Gleichzeitig signalisierten uns diese Argumente eine erschreckende Inkompetenz. Einzig darin waren sie kompetent. Wir gewannen den Eindruck, dass die Vorstände solcher Organisationen noch nie vor Ort des Geschehens waren und gar nicht wussten, dass es im Orient die Männer sind, die die Gesetze machen.

Oder sie waren schlicht überfordert, weil unser Plan ihre Vorstellungskraft sprengte. Im Nachhinein können wir das verstehen. Immerhin konfrontierten wir sie mit unserem Fernziel, die Botschaft von der Sünde gemeinsam mit dem saudischen König, gemeinsam mit den vier Millionen Pilgern zur Hauptpilgerzeit auf überdimensionalem Transparent über der Kaaba in Mekka zu spannen. Text: »Weibliche Genitalverstümmelung verstößt gegen höchste Werte des Islam. Sie ist Teufelswerk und deshalb Sünde.« Reaktion eines der Vereine: »Dann werden uns Terroristen das Büro in die Luft jagen.«

Wo bleibt da der Kampfgeist?, fragten wir uns. Statt ökonomisch zu denken und das Büro zu verkleinern und damit den Schaden geringer zu halten, wurde berufsgejammert. Wie sagte es Bertolt Brecht? »Wer kämpft, kann verlieren. Wer nicht kämpft, hat schon verloren.« Mit seiner Philosophie ließ er uns gar keine Alternative. Wir wollten kämpfen. Dafür mussten wir unabhängig werden.

Nun kann jemand, der das Leben weitestgehend abgehakt hat, wie ich, gern und leichtfertig mit seinem Restleben spielen. Dann war ich wohl immer schon ein Spieler, denn mit Risiko zu leben, war für mich schon immer reizvoller, als genormt, vergleichbar und langweilig dahinzudämmern. Es widerstrebt mir einfach, eine solch »brillante Idee« (Eigenlob) von Theoretikern, Verallgemeinerern und Bedenkenträgern kleinreden zu lassen, nur weil für sie neue Pfade neben ihren ausgetrampelten Wegen nicht denkbar sind.

Okay. Ich bin alt. Aber Annette hätte einiges mehr zu verlieren. Sie ist 24 Jahre jünger als ich. Doch nie stand ihr Rückzug zur Debatte.

Was also tun in solcher Situation? Auf Anraten von *Greenpeace* und *amnesty international* gründeten wir kurz entschlossen unseren eigenen Verein. Annette, ihr Bruder Harald Benz, ich und meine Schwester Ingeborg Oettinger sowie drei treue Freunde. Weggefährten, die unserer Strategie eine echte Chance einräumten. Freunde, die weit herumgekommen waren in der Welt, und die wie wir die hohe Ethik islamischer Gastfreundschaft erfahren hatten. Oder die einfach gegen jede Art von Ungerechtigkeit und Menschenverachtung aufbegehrten.

Wie mein bester Freund Klaus Denart, Gründer von *Globetrotter Ausrüstung*. Wie Burkhard Bühre, Rechtsanwalt, der in Sachen Yanomami-Indianer den brasilianischen Staatspräsidenten wegen Missachtung der Verfassung verklagt hatte. Wie Bertel Bühring, Radiomoderator, der gern die Rolle des Macho spielt, dabei ein butterweiches Herz hat. Und der ein Werbeprofi ist.

Wir nannten den Verein TARGET. Das englische Wort für »Ziel«. *Ziel* in zweifacher Hinsicht: bereit dafür zu kämpfen, koste es was es wolle. Und *Ziel*, das man mit Diplomatie zu erreichen versucht.

Dann geschah sehr bald schon das Wunder von Kairo, als die höchsten (!) Muslime der Welt den Brauch auf unserer Konferenz zu einem Verbrechen erklärten, das gegen höchste Werte des Islam verstößt.

Unser Verein wuchs explosionsartig, weil wir Erfolge vorzuweisen hatten. Wir mussten eine erste Bürokraft einstellen, deren einzige Aufgabe es war, die Flut der Anmeldungen neuer Förderer zu registrieren und verwalten.

Diese Flut ist nicht ausschließlich unseren Erfolgen zu verdanken, sondern auch dem niedrigen Jahresbeitrag: 15 Euro. Damit wollen wir schon jungen Menschen eine Mitwirkung ermöglichen.

Zu unserer großen Freude geben viele unserer Förderer aber weit mehr als diese 15 Euro. Das Vertrauen, das wir aus der Großzügigkeit heraus spüren, ehrt uns ungemein und sichert uns die immer ersehnte Unabhängigkeit von politischen Parteien. Wir erlebten, was Adolf von Harnack einmal so formuliert hat: »Nichts kann Menschen mehr stärken als das Vertrauen, das man ihnen entgegenbringt.«

Natürlich nehmen wir auch gern staatliche Hilfe an, wie zweimal von der Bundesministerin Heidemarie Wieczorek-Zeul spontan gewährt. Wir sind davon nicht abhängig, aber wir sind damit schneller. Immer richten wir uns nach dem, was uns zur Verfügung steht, arbeiten ökonomisch und müssen uns nirgends prostituieren oder zu Bettlern degradieren. Eine Arbeitsweise, die mich meine Selbstständigkeit gelehrt hatte.

Unsere Vereinsstrategie ließ sich leicht auf einen Nenner bringen. Wir mussten bloß das vermeiden, was uns bei anderen Organisationen gestört hat. Zum Beispiel, wenn alle paar Wochen an die Förderer Massenwurfsendungen mit Aufrufen zu Sonderspenden die Briefkästen zumüllten. Oder wenn Vereine Prominente vor ihre Karren spannten, weil sie mit der vereinseigenen Arbeit offenbar nicht überzeugen konnten. Oder wenn Kündigungsfristen spontane Austritte erschwerten, um dem Verein noch ein paar Monate länger die Beitragszahlungen sichern sollten. Das war nie unser Stil. Wer bei TARGET unzufrieden ist, kann die Förderschaft jederzeit fristlos und ohne Angabe von Gründen beenden.

Das geschieht nicht nur extrem selten. Wir erleben das Erstaunliche, dass sich fast alle Kündigenden sogar vielmals dafür entschuldigen, dass sie uns »im Stich lassen«, und sie erklären ihre Kündigung mit wirtschaftlicher Notlage. Dieses ausgeprägte freundschaftliche Vertrauensverhältnis schenkt uns viel Kraft, Zuversicht und den Mut, genau so weiterzumachen und niemals aufzugeben. Wir sehen TARGET und unsere Förderer als eine große Familie.

Annette hat sich im Handumdrehen in die Verwaltungs- und Managementarbeit eingearbeitet. Ohne sie liefe gar nichts mehr. Was den Ideenreichtum betrifft, sprudeln wir beide wie unversiegbare Quellen. Das rührt sicher auch daher, dass wir Augenzeugen des Verbrechens geworden sind. Wir wissen, wofür wir kämpfen. Dieses Grauen vergisst man als Augenzeuge genauso wenig, wie es die Opfer je verdrängen können. Uns wird nichts aufhalten.

Annette sieht sich allerdings anders. Wie auch sonst? »Ich setze meinen Wert für TARGET nicht so hoch an wie du. Wenn ich nicht wäre, wäre jemand anderes da. Aber du wärest immer da, wo du jetzt bist. Du bist TARGETs Fundraiser.«

Das schmeichelt mir. Ich nehme den Satz als Hochzeitsgeschenk. Denn außer Annette habe ich nichts bekommen, nicht einmal einen Ehering. An mir ist Schmuck deplatziert.

Alltag

Nehmen wir zum Beispiel den 1. September 2009. Übermorgen geht es nach Äthiopien und Djibuti. Unser Container mit Goldenen Büchern ist aus dem Zoll gekommen. Endlich! Nun sollen sie verteilt werden an die 50 000 Imame in den ebenso vielen Moscheen. Es stehen uns nur drei Wochen am Horn von Afrika zur Verfügung. Für Djibuti und Äthiopien.

Beginnen soll alles mit einer Feierstunde im Kempinski-Hotel für die Entscheidungsträger von Djibuti. Ein Luxushotel der Sonderklasse ist ganz und gar nicht der TARGET-Stil. Aber als die Geschäftsleitung uns preislich sehr entgegenkommt (»Wenn wir damit Ihre gute Sache unterstützen können«), haben wir uns darauf eingelassen. Damit erfüllten wir auch ein wichtiges Argument unserer Ratgeber vor Ort. »Ein solches Ambiente wertet eure Gäste auf. Sie werden noch zuverlässiger mit euch zusammenarbeiten.« Entscheidend war, dass das Kempinski als der einzige Ort in Djibuti galt mit funktionierender Technik wie Beamer, Simultandolmetscher-Kabinen, Klimaanlage, Internetzugang und – wichtig! – mit eigener Stromanlage.

In Djibuti leben zwei Völker. Die Afar und die Issa. Sie wohnen auch jenseits der Grenze in Äthiopien. Verwandte Kulturen, sehr unterschiedliche Sprachen. Seit Generationen traditionell miteinander verfeindet. Wie bringt man solche Völker an einen Tisch? In welchen Sprachen wird gesprochen? Gibt es eine Simultananlage im Hotel? Wer beschafft die Simultandolmetscher? Was geben wir unseren dreißig Gästen als Gastgeschenk? Wie kommen wir anschließend in unser Einsatzgebiet in Äthiopien, um das Verstümmlerinnen-Projekt zu stärken? Da hatte sich spontan eine Gruppe von fünf »Beschneiderinnen« bei uns gemeldet. Nachdem sie die Predigt aus dem Goldenen Buch vernommen hatten, hatten sie entschieden, weiterhin nur noch als Hebammen zu arbeiten und aufklärend durch die Dörfer zu ziehen. Der einflussreiche Dorf-Sheikh Ali Osman hatte sie sofort tatkräftig unterstützt. Ihnen wollen wir eine Aufwandsentschädigung zahlen und einen von Annette selbst gefertigten Bildband an die Hand geben. Er verdeutlicht das Verbrechen und zeigt jene höchstrangigen internationalen Religionsführer, ihre Vorbilder, die den Brauch zur Sünde erklärt haben. Das Buch soll das Anliegen der Hebammen erklären helfen.

Eine junge Frau, die wir von der Verstümmelung ihrer neugeborenen Tochter abbringen konnten, soll ein paar bescheidene Geschenke bekommen. Sie hat sich an ihr Versprechen gehalten.

Viele Dorfbewohner hoffen auf Fotos, die wir ihnen beim letzten Besuch versprochen hatten. Die müssen laminiert werden. Sonst sind sie im Wüstenstaub bald zerkratzt.

Darüber hinaus gilt es, unsere Fahrende Krankenstation zu besuchen, die irgendwo in der Danakilwüste unterwegs ist. Sie braucht verschiedene Medikamente, die man in Äthiopien nicht bekommt.

Von der *Fahrenden* Station geht es nach Konaba, um den Fortschritt der Bauarbeiten an unserer neuen *Festen* Krankenstation zu überprüfen. Dieses Gebäude wurde uns von den Afar kostenlos anvertraut. Einer ihrer Führer: »Noch nie hat jemand so zuverlässig für uns gearbeitet.«

Nicht genug damit. In Addis beginnt die Verteilung des Löwenanteils der Bücher. Auch das will auf dem Vorwege organisiert werden.

Eine besondere Vorfreude erleben wir immer bei dem Gedanken an unsere inzwischen vier Patenmädchen. Sie sind, wie schon gesagt, selbstbewusste junge Damen geworden, sprechen die Landessprache Amharisch besser als die Muttersprache Afaraf, sind die jeweils Besten ihrer Klasse und haben sich besondere Geschenke verdient. In Absprache mit ihren Pflegeeltern erhalten sie ihr erstes Taschengeld, ihren ersten Computer.

Tausend kleine Baustellen, wie Annette das nennt. Dass all das auf die Schnelle erledigt werden muss, liegt daran, dass wir erst vor vier Tagen und nach langem Tauziehen mit dem äthiopischen Zoll und unter Einschaltung eines Anwalts die Bücher frei bekommen haben. Die islamischen Organisationen waren schon ungeduldig geworden. Sie wollen die Bücher, und sie wollen den Inhalt verkünden. Es ist wie ein Rausch. Durch die Freude kommt trotz der Fülle der Erledigungen kein Stress bei uns auf, keine Überlastung. Die Arbeit macht Höllenspaß, und die Reise in den Brutofen Djibuti (46 Grad Celsius im Schatten) ist wie Urlaub. Kein Tourist wird dort je auch nur annähernd so viel erleben wie wir. Und es ist preiswert, weil man sich den Gang in die Sauna erspart.

Und doch sind es beileibe nicht nur diese »exotischen« Erledigungen, die arrangiert werden müssen, zumal unser Projektleiter Ali Mekla Dabala in Addis Abeba uns vieles an Arbeit abnimmt. Es sind die zahllosen bürokratischen Alltagsarbeiten, die immer mehr werden. Hundert ernst zu nehmende E-Mails pro Tag, Telefonate auf drei Anschlüssen, Beantwortung von Medienanfragen, Pressemitteilungen zu den Internationalen Tagen gegen FGM und gegen Gewalt an Frauen. All das erfordert Überlegungen, Absprachen, Geduld und Zeit.

Schon wieder das Telefon. »Mein Name ist Professor Doktor Justus Nörten-Hardenberg. Ich bin Professor für Ethnologie an der Universität Berlin. Ich habe neulich Ihren Film gesehen und habe eine Frage: Woher nehmen Sie eigentlich das Recht, sich in andere Kulturen einzumischen und die Beschneidung von Frauen abschaffen zu wollen?«

Da war er bei Annette gerade richtig. »Das ist nicht nur unser Recht, das ist unsere Pflicht!«

»Dann brauchen wir ja gar nicht weiter zu diskutieren.«

Aufgelegt. Leider war er schneller als Annette.

Neben dem Dienstlichen will das Private nicht vergessen werden. Annette ist ein geborenes Muttertier, ihre Familie darf unter keinen Umständen vernachlässigt werden. Sie will den Kuchen lieber selbst backen, statt ihn aus Zeitgründen und der größeren Auswahl wegen bei meinen Exkollegen zu kaufen. Vergeblich hatte sie von unserem Zusammenleben erhofft, dass ich sie mit neuen Backrezepten überraschen und mit leckeren Eigenfabrikaten verwöhnen würde. Aber außer »Pustekuchen« habe ich ihr nichts an eigener Herstellung geboten. Doch davon wird man nicht satt. Ihr Selbstgebackenes zu bieten, daran hindert mich mein Eid. Den habe ich mir geleistet, als ich mich nach insgesamt vierzig Jahren des Backens, davon 25 Jahre selbstständig, entschlossen hatte, den Betrieb zu verkaufen. Ich habe meine Berufskleidung verschenkt, das Rezeptbuch verbrannt und mein Sauerteig- und Gebäckgedächtnis gelöscht, um meine Gehirnfestplatte von Überholtem zu entlasten und Freiraum für Neues zu schaffen. Und dieses Neue heißt jetzt TARGET. Aber immerhin gehen wir manches Mal auswärts essen. Vor allem jetzt, wo die Kinder selbstständig sind.

Bei Annette habe ich das Gefühl, dass sie mit den Aufgaben wächst. Immer wieder stehe ich fassungslos und bewundernd vor ihrer Energie. Ein 24-Stunden-Tag ist schon fast die Norm. Dabei haben wir inzwischen zwei volle und zwei Teilzeit-Mitarbeiterinnen im Büro, die sie entlasten.

Doch dann erscheine ich und schleppe schon wieder neue Arbeit heran. Ich komme mir vor wie ein Menschenschinder, obwohl soziales Verhalten zu meiner Lebensgrundorientierung zählt. Nicht nur aus mitmenschlichen Gründen, sondern auch aus wirtschaftlichen. Sozialstimmigkeit ist in jedem Unternehmen das sicherste Kapital, die Goldreserve.

Längst bin ich davon überzeugt, dass wir bereits am Ziel wären, wenn wir uns schon früher begegnet wären. Von den Menschen, die ich kenne, ist Annette die fähigste Nachfolgerin im Falle meines Exitus.

TARGETs Projekte

Als Annette und ich TARGET gründeten, ahnten wir nicht, dass wir damit die Krönung unseres Lebens erfahren sollten. Eine größere Erfüllung können wir uns beide nicht mehr vorstellen. Natürlich hatten wir zu Beginn manch vage Hoffnung. Aber dass wir alle unsere anvisierten Ziele erreichen und sogar übertreffen würden, zumal in relativ kurzer Zeit, das wagten wir Außenstehenden gegenüber nicht einmal auszusprechen.

In kürzester Zeit ist es uns gelungen, die höchsten Männer des Islam für die Beendigung der Weiblichen Genitalverstümmelung zu gewinnen. Und ich konnte bei dieser Gelegenheit gleichzeitig eine alte Dankesschuld abtragen, die mir die unendliche orientalische Gastfreundschaft in jungen Jahren aufgebürdet hatte.

Die Vereinsarbeit begann zunächst mit der Aufstellung eines Aktionsplanes. Er lautete: Vereinsgründung – Dokumente des Verbrechens Weibliche Genitalverstümmelung beschaffen – Islam-Führer als Partner gewinnen – Banner über der Kaaba in Mekka spannen – Ende der Verstümmelung.

Da wir nichts auf die lange Bank schieben, hatten wir gehofft, andere mit unserem Tempo anstecken zu können und nach fünf Jahren wirklich das große Finale verkünden zu können. Das hat sich nicht realisieren lassen. Es hat ein Jahr länger gedauert. Nämlich sechs Jahre. Doch dann gelang es uns, die Weltelite des Islam zu einer Konferenz im geistigen Zentrum des sunnitischen Islam, der Azhar-Universität zu Kairo, einzuladen. Dort geschah das Wunder, dass die Männer dem Brauch vonseiten der Religion ein Ende bereiteten. Sie erklärten ihn zu einem »Verbrechen, das gegen höchste Werte des Islam verstößt«. Frauen zu verstümmeln, kommt nun einer Sünde gleich.

Wir hatten gehofft, dass diese Botschaft sich automatisch um den Erdball verbreitet. Das hat sie nicht getan. Man mag meine Hoffnungen naiv nennen. Das hat man auch schon gesagt, als wir TARGET gründeten und uns beschränkten und spezialisierten auf die Partnerschaft mit dem Islam. Und dann wieder, als wir die Azhar-Konferenz planten. Mit ihrem Zustandekommen und noch mehr mit dem Resultat konnten wir sogar die internationalen Weltorganisationen in Erstaunen versetzen. Denn ihnen war das nie gelungen. Ihnen ist nicht einmal der Gedanke an eine solche Möglichkeit gekommen. Sonst hätten sie es gewagt.

Oft werde ich gefragt, wie ich es mir erkläre, dass wir etwas zustande gebracht haben, was nicht einmal der UNO oder WHO gelungen ist. Schließlich sei ich ein Nobody im großen Weltgeschehen.

Die Antwort ist eigentlich recht einfach. Während meiner früheren Reisen habe ich viele Monate meines Lebens im Orient verbracht. Und zwar nicht im Hotel, sondern hautnah mit der Bevölkerung. Es waren Reisen zu Fuß und mit Kamelen, mit dem Fahrrad, als Tramper und mit einem Gastspiel in jordanischen Gefängnissen. Überall hatte ich reichlich Gelegenheit, Blicke in die Seele vieler meiner Begleiter und Gastgeber zu werfen. Zweimal retteten mir meine Gastgeber bei Überfällen mit ihren Körpern als lebende Schilde das Leben. Mich hat das geprägt und verpflichtet. Ich habe gelernt, dass man den Islam nicht mit Islamismus und Terrorismus gleichsetzen kann. Auch Christen möchten nicht reduziert werden auf ihre verbrecherische Vergangenheit: die Ausrottung der Urbevölkerung Amerikas, die Inquisition, die Kreuzzüge und die Hexenverbrennungen. Solcher Art Verbrecher gibt es auf beiden Seiten. Bei den Muslimen und den Christen.

Wir kamen in unserer aktuellen Mission immer als Freunde, als Bruder oder Schwester, als Menschen auf gleicher Augenhöhe, ohne missionarische Hintergedanken, ohne Besserwisserei. Wir kamen in Demut, mit Bescheidenheit und der Bitte um Hilfe für ein Problem, das das Image des Islam schändet, weil als meist gehörte und falsche Begründung für die Verstümmelung der Koran genannt wird.

Ich kam als jemand, der den gleichen Gott hat wie seine Gesprächspartner. Denn es gibt nur einen einzigen. Und dass Mohammed ein Prophet dieses großen Schöpfers war, mag ich nicht leugnen. Auch Jesus war einer von ihnen. Sie haben gelebt und die Welt verändert. Beide Propheten werden übrigens von Muslimen wie Christen gleichermaßen anerkannt.

Manchmal tauchte direkt oder indirekt die Frage auf: »Bist du konvertiert?« Dann war meine Antwort klar. »Ich verstehe die Frage nicht ganz. Willst du mir etwa unterstellen, ich hätte einen anderen Gott als du, wo es nur einen einzigen gibt?« Damit erübrigten sich etwaige Bedenken.

Dazu kam, dass ich stets an den Gebeten teilnahm, mich landesüblich kleidete und nur extrem selten eine Krawatte trug. Immer nur dann, wenn auch meine Partner eine trugen. Das war nicht »aufgesetzt«, sondern Höflichkeit. Das spürt ein Gastgeber.

Ich beherrsche Arabisch in Grundzügen. Damit begann ich unsere Gespräche und Reden sehr oft. Dann sagte ich, dass sie nun gehört hätten, wie sauschlecht ich ihre Sprache beherrsche. Dass das unter anderem daran liege, dass ich fast taub bin (und schwupp zeigte ich ihnen eins der Hörgeräte), nicht einmal mehr richtig Deutsch verstünde und sie bitte, per Dolmetscher sprechen zu dürfen. Damit hatte ich die Lacher, das Verständnis und Sympathie sofort auf meiner Seite. Die

Türen standen uns offen. Viele von ihnen sind selber schwerhörig.

Ein nicht unwesentlicher Punkt war, dass wir stets gute Dolmetscher hatten. Männer und Frauen, die hundertprozentig unsere Ansichten vertraten, entsprechend feinfühlig ihre Worte wählten und unsere Gedanken und Hoffnungen unverändert weitergaben.

Die Summe dieser Gesten und Ansichten öffneten uns Türen und Herzen unserer Gesprächspartner bis in die höchsten Etagen islamischer Prominenz und bescherte uns die Erfolge. Immerhin Persönlichkeiten wie Prof. Dr. Hamdi Mahmoud Zakzouk, ägyptischer Religionsminister sowie sein Berater Mohammad Shama, Dozent für Deutsch an der Al-Azhar; und wie schon gesagt, aber doppelt hält besser: Prof. Dr. Muhammad Tantawi, Großsheikh der Azhar-Universität; Prof. Dr. Yusuf Al-Qaradawi, Sheikh und Universitätsdekan Katar; und last not least unser Schirmherr Prof. Dr. Ali Gom'a, Großmufti von Ägypten.

Nichtmuslimen werden die Namen vielleicht wenig sagen. Aber es sind Koryphäen. Es sind die Höchsten. Darüber gibt es niemanden mehr. Darüber stelle ich mir nur noch ein großes Vakuum vor und dann Allah persönlich.

Die Erfolge bescherten Annette und mir nicht nur zwei weitere Bundesverdienstkreuze, sondern auch einen Anruf aus dem Büro der Vereinten Nationen in Genf. »Das ist ja großartig. Das ist geradezu historisch. Wie haben Sie denn diese Männer an einen Tisch gebracht?« Kaum hatte ich das erklärt, die Frage: »Können Sie mir mal eben die Handy-Nummer vom ägyptischen Großmufti Ali Gom'a geben? Ich möchte ihm gratulieren. Und ich hätte da noch eine Frage.«

Mal eben! Noch eine Frage! Geht's eigentlich noch dreister?

Nicht unerheblich für den Erfolg von Al-Azhar war die Tatsache, dass die Afar in Djibuti und Äthiopien sich bereits als

Erste unserer Idee der Sündenerklärung angeschlossen hatten. Wenn man schon auf Mitstreiter in den eigenen Reihen verweisen kann, erleichtert das die weitere Arbeit. Auch unsere Kleinprojekte trugen dazu bei. Vor allem die Fahrende Krankenstation im Afarland (Danakilwüste, Äthiopien). Und der Kontakt wurde geradezu herzlich, wenn ich in den Ländern von meinen früheren Reisen berichtete. Abenteuer liegen in den Genen der Wüstenbewohner. Das mochte jeder hören. In Mauretanien war es die Geschichte, wie ich von dort mit dem massiven Baumstamm über den Atlantik gesegelt bin. Und wie der Staatspräsident mich von einem Flugzeug suchen ließ, weil er sich nicht vorstellen konnte, dass jemand mit einem solchen Fahrzeug allein über den Atlantik wollte und nach zwei Tagen immer noch lebte. Offenbar hatte der Mann nie bei der Marine gedient.

Am Horn von Afrika waren es die Karawanenerlebnisse, die Geschichten von Durst und Sand, von Kamelen, die das Gepäck abgeworfen hatten, und von unbeschreiblicher Gastfreundschaft. Von unserer *Karawane der Hoffnung* durch Mauretanien im Auftrag von Großmufti Hamden Ould Tah, um die von TARGET errungene Botschaft der Sünde in die Wüste zu den Nomaden zu tragen. Mit zwölf Kamelen, zwölf mauretanischen Begleitern und hundert Fahnen, auf denen die Botschaft zu lesen war. Wenn ich dann noch alles mit Fotos aus den Büchern belegen konnte und Erlebnisse mit Schlangen und Skorpionen einfließen ließ, Episoden erzählte, als ich versagt oder Angst gehabt hatte, dann konnte es passieren, dass die Sonne aufging, und wir immer noch palaverten.

Nicht unbedeutend waren auch Berichte über unsere Mikroprojekte wie die mit den vier Patenmädchen. Kinder, die uns aufgefallen waren, weil ihnen die Verstümmelung besonders übel mitgespielt hat, und denen wir jetzt in Addis Abeba eine besondere Ausbildung, Schutz und Zukunft geben.

Inzwischen hat TARGET zwei neue Ziele geplant. Das sind eine feste Krankenstation mit einer Geburtshilfeabteilung und das bereits erwähnte Goldene Buch. In Mauretanien, Djibuti und Äthiopien haben Verteilung und Verkündung in den Moscheen begonnen. Nun angepeilt sind der Sudan, Mali, Tschad, Eritrea und Somaliland. Aber 27 weitere Länder liegen noch vor uns.

Das erfordert viel Arbeit und viel Geld. Es ist nicht möglich, die Bücher einfach zu treuen Händen in die Länder abzuschicken. Es müssen Feierstunden organisiert, und es muss immer wieder neu um Akzeptanz und Kooperation geworben werden. Wir müssen uns nach dem richten, was uns zur Verfügung steht. Wir werden es Schritt für Schritt tun. Immer unseren finanziellen Möglichkeiten angepasst. Diesmal kein Risiko, obwohl Risiko sonst mein Hobby ist.

Aber wir dürfen zuversichtlich sein. Die Woge des guten Willens wächst unaufhörlich. Vielleicht erlebe ich noch, dass sie zu einem Tsunami anschwillt und den Brauch der Verstümmelung überrollt und erstickt. Das wird der Moment sein, wo ich endlich in aller Ruhe den Löffel des Lebens aus der Hand legen kann. Oder wo ich mir ein neues Projekt auflade. Eine Idee dafür hätte ich bereits.

Vision Das Goldene Buch

Jeder Mensch hat stille Wünsche, Träume oder gar Visionen. Sehr oft ist er geneigt, deren Realisierung auf die lange Bank zu schieben. »Hat ja doch keinen Zweck«, heißt es. Oder »Die da oben machen ja ohnehin, was sie wollen.« Oder »Ich bin ein zu kleines Licht, um das durchzubringen.« Meist sind das nur Ausreden für fehlendes Selbstvertrauen, eine falsche Strategie oder für mangelndes Durchhaltevermögen.

Als ich begann, mich für das Überleben der Yanomami-Indianer einzusetzen, habe ich es anfangs niemals für möglich gehalten, dass ich als Ausländer mit meiner Einmischung etwas bewirken könnte. Doch von Aktion zu Aktion wuchs der Bekanntheitsgrad des drohenden Völkermordes am letzten frei lebenden Urvolk des Kontinents und mehrte und stärkte meinen Mut. Mir kam zugute, dass ich nicht gleich beim ersten Misserfolg verzage und aufgebe. Dass Niederlagen mich kreativ statt depressiv machen. Aber 18 Jahre lang hatte es keinen Frieden gegeben. Da hatten andere längst aufgegeben. Ich sagte mir nicht, »Es hat ja doch keinen Zweck«, sondern, »Meine letzte Aktion war nicht stark genug. Ich muss sie toppen.« Also involvierte ich Papst, UNO und Weltbank und beließ es nicht bei den oft verträumten Naturschützern mit ihrer hundertsten Unterschriftensammlung.

Nie vergesse ich den Besuch bei der Weltbank in Washington. Jeder Normalo wie du und ich wird sich fragen, wie man überhaupt auf die Idee verfallen kann, bei der Weltbank einen Termin zu erbitten. Und ihn dann sogar erhält. Man gestattete

Wolfgang Brög, seine Doku »Goldrausch in Amazonien« der Brasilien-Beauftragten der Weltbank vorzuführen. Und diese Frau war nicht nur nüchterne Bankerin. Neben der Bank liebte sie den Regenwald, und sie liebte das brasilianische Grundgesetz. In anderen Kreisen würde man das einen »flotten Dreier« nennen. Nachdem sie den Film angeschaut hatte, war sie völlig irritiert und sichtlich betroffen. »Das, was dort abläuft, ist ja komplett gegen die Verfassung!« Sie beließ es nicht bei ihrer Betroffenheit. Sie hatte sofort eine geniale Idee. »Lassen Sie, wenn man diese Verbrechen gesehen hat, die wichtigsten Passagen aus der brasilianischen Verfassung über die Schlussszenen laufen. Nichts wird die Verachtung unserer Grundgesetze besser verdeutlichen.«

Genau das hat Wolfgang getan. Es gab seinem Film eine ganz besondere Durchschlagskraft. *Greenpeace* war so begeistert, dass man den Film tausendfach kopierte und an die TV-Redaktionen in aller Welt verteilte.

Und irgendwann war die Pro-Yanomami-Lobby ausreichend stark, um Brasilien in die Knie zu zwingen. Als die Yanomami im Jahr 2000 einen akzeptablen Frieden erhielten, hatte ich gelernt, dass jedermann und jedefrau zu solchen Veränderungen in der Lage sind. So kam es zum aktuellen Engagement, zu TARGET, zur Involvierung des Islam, zur beglückenden Kooperation mit ihm und nun, einfach konsequent, zur Verbreitung der Botschaft mithilfe des Goldenen Buches.

Ich habe Das Goldene Buch schon mehrfach erwähnt. Was genau hat es damit auf sich? Auf den Punkt gebracht, ist es unser ganzer Stolz. Das sagt zunächst gar nichts. Jedes Kind ist seiner Mutter ganzer Stolz. Egal, um welches Grand Malheur es sich in Wirklichkeit handelt. Bei unserem Buch ist das anders, genau wie bei jeder Mustermutter mit jedem Musterkind. Deshalb drei Takte der Erklärung zu unserem »Musterbuch«.

Das Goldene Buch ist das Resultat unserer Arbeit. Es ist der

Beschluss, die Fatwa von Kairo, die wir in der Azhar-Universität, dem geistigen Zentrum des sunnitischen Islam, bewirken durften, zwischen zwei Buchdeckel zu fassen. Es ist die Zwischenbilanz. Es beinhaltet die entscheidenden Aussagen der höchsten Repräsentanten des Islam und hochrangiger Mediziner. Es stellt klar, dass die Verstümmelung von Mädchen und Frauen für Muslime jetzt ein Verbrechen darstellt, einen schweren Verstoß gegen höchste Werte des Islam und alle Menschenrechte. Frauenverstümmelung ist *haram, haram, haram*. Sie ist absolute Sünde.

Als Beweise für die Texte dienen viele Fotos, Zitate aus Koran und Hadithen. Als Arbeitshilfe für Imame gibt es Zeichnungen für Analphabeten.

Der Schirmherr unserer geschichtsträchtigen Azhar-Konferenz, Prof. Dr. Ali Gom'a, hat das Buch geprüft und sowohl das Buch als auch uns mit einem Vorwort geehrt. Für die Dekoration der Seiten haben architektonische Elemente der Azhar-Moschee Pate gestanden. Seinem Wert entsprechend haben wir das kleine Werk in Kunstleder gebunden, mit einem Goldschnitt und einem Magnetverschluss versehen. Es ist ein Kleinod, das Besitzerstolz weckt. Das niemand fortwirft. Und nun wurde es sogar mit dem »*red dot*« ausgezeichnet, einem respektablen Design-Preis. Das freut Annette und Stefanie Silber, die Gestalterin. Beide haben um jedes Goldstäubchen mit den Herstellern gerungen.

Die Erstauflage betrug 10 000 Exemplare. Sie war viersprachig. Nämlich Arabisch, Englisch, Französisch und Deutsch. Schnell stellte sich heraus, dass das zu umfangreich und unnötig ist. Die zweite Auflage betrug 100 000 Bücher. Sie war nur noch dreisprachig, ohne Deutsch.

In Zukunft werden wir von Land zu Land differenzieren. Im französischsprachigen Teil der Sahara genügen Arabisch und Französisch. Anderweitig Arabisch und Englisch. Dominieren eigene Volkssprachen, zum Beispiel in Somalia, dann werden es Arabisch und Somali sein.

Einer Anregung aus den Kreisen unserer Konferenzteilnehmer folgend, ist jetzt eine DVD in Arbeit. Sie soll den Büchern beigelegt werden. Auf ihr sieht und hört man, was die hohen Ulema zu dem Thema sagen. Laufende Bilder überzeugen anders als Gedrucktes, denn Papier ist geduldig. Wer weiß das besser als ich, Autor von nahezu dreißig Büchern? Jedenfalls wissen es auch die Afrikaner.

Ihre Religionsführer auf dem Bildschirm zu sehen und zu hören hinterlässt bei den Zuschauern einen prägenden, überzeugenden Eindruck. Nie vergesse ich, wie die Delegierten unserer Addis-Abeba-Konferenz von ihren Sitzen aufsprangen, um mit ihren Handys die Rede von Sheikh Yusuf Al-Qaradawi abzufilmen!

Ganz bewusst haben wir uns für eine anspruchsvolle Buch-Variante entschieden und nicht für ein »Vokabelheft«. Das Goldene Buch ist so kostbar gestaltet, dass es würdig ist, neben dem Koran zu stehen.

Ein Vokabelheft steckt man dreimal in die Tasche. Dann hat es Eselsohren und ist hin. Unser Buch soll langlebig sein. Auch die afrikanischen Enkel und Urenkel sollen es noch lesen und fragen: »Opa, stimmt das? Hat es das früher wirklich gegeben?«

Bevor Großmufti Hamden Ould Tah es zur Verteilung und Predigt in Mauretanien zuließ, hat auch er es kritisch geprüft. Gemeinsam mit seinen Gelehrtenkollegen. Kein einziges Komma musste korrigiert werden. Sein Urteil erfüllt uns, nämlich Annette und mich, mit Stolz: »Es ist des Islam würdig und hat einen Ehrenplatz neben meinem Koran.«

Und sein Sekretär Sheikh Ould Zein prophezeite sogar: »Das Buch hat das Format, einen Dschihad auszulösen. Mit dem Koran und dem Goldenen Buch als Waffe gegen ein Verbrechen, für das es keinen Vergleich gibt.«

Kann man sich als kleiner Exvorstadtbäcker mit seiner Frau, der Exarzthelferin, mehr wünschen als solches Lob vom ranghöchsten Moslem und seinem Sekretär aus Mauretanien? Oder dass eine Autorität wie Prof. Dr. Ali Gom'a das Buch mit einem Vorwort ehrt? Nein. Mehr geht kaum. Allenfalls noch ein Echo aus der nicht islamischen Welt. Wie die Beurteilung des Islam-Experten Thomas Frankenfeld im *Hamburger Abendblatt*: »Das Goldene Buch wird ein Stück islamischer Religionsgeschichte schreiben.«

Wenn sich solche Beurteilungen in meinen Hirnwindungen erst einmal etabliert haben, kommen Gedanken auf wie dieser, dass sich mein Gastspiel auf der Erde allein dafür gelohnt hat und man sich allmählich zur Ruhe setzen könnte. Doch genau das kann ich mir niemals vorstellen. Ich brauche *action* bis zum Umfallen. No action, no satisfaction.

Kein Erfolg ohne die obligatorischen Besserwisser. Ich liebe sie. Denn sie zeigen mir, dass ich auf dem rechten Wege bin. Ihre Zusendungen bewahre ich in einem speziellen Ordner auf. Sie kriegen keine Antwort. Aber sie erhalten einen roten Stempelvermerk. Mein Spezialstempel. Ein Kreis mit Mittelstrich und Mittelpunkt. Das Zeichen für »Arschloch«.

Irgendwann schreibe ich über diese Typen ein Buch. »Der Mufti hat die Fatwa doch nur geschrieben, um euch einen Gefallen zu erweisen.« Hey – wer sind wir denn, dass diese Männer uns nach dem Munde reden müssten?

Oder jene unvergessliche, sogar *drei*gestempelte Zicke: »Habe ich das richtig verstanden? Jedes dritte Mädchen stirbt bei der Pharaonischen Verstümmelung? Das bedeutet dann ja, dass die, wenn der Brauch beendet ist, überleben würden. Wo soll das hinführen? Das sind ja jetzt schon zu viele.«

Zurück zur Gegenwart! Klar, dass das Projekt und die Finanzierung Geduld erfordern. Vier Millionen Exemplare werden schätzungsweise gebraucht. Für jede Moschee, jeden

Frauenverband, jede Universität eins. Deshalb drucken wir immer schubweise. Immer 100 000.

Klar auch, dass eine solche Kostbarkeit nicht für zwanzig Cent herzustellen ist. Unser Buch kostet vier Euro in der Herstellung. Dazu kommen Transport und Feierstunden in den jeweiligen Ländern, um es den Verantwortlichen zu treuen Händen und mit nachhaltiger Wirkung zu übergeben. Das sind die Prediger in den Moscheen, das sind die einheimischen Powerfrauen-Organisationen, die ohne solche Bücher auf verlorenem Posten kämpfen. Einzig für diesen Personenkreis sind die Bücher bestimmt und kostenlos. Sie werden nicht im Buchhandel erhältlich sein. Damit wollen wir verhindern, dass die verantwortlichen Geistlichen sich aus der Affäre ziehen und Rat suchende Eltern mit dem Hinweis abspeisen »Was geht das mich an? Holt euch doch das Buch auf dem Markt oder beim *Aldi*. Da steht doch alles drin.« Eltern sollen es aus dem Munde der Geistlichkeit hören, verkündet in den Moscheen, dass jeder, der einem Mädchen diese Schändung antut, eine Todsünde begeht, weil er des Schöpfers Werk »Frau« entwürdigt und damit gegen höchste Werte des Islam verstößt.

Was uns zu unserem vollendeten Glück noch fehlt, ist ein Großsponsor aus der arabischen Welt. Denn es geht um *muslimische* Mädchen. Ein reicher Sheikh, der erkennt, welche Chance sich ihm, den Mädchen und dem Islam bietet, wenn er das Werk vollendet.

Da jedoch auf Wunder kein Verlass ist, fahren wir mehrgleisig. Eines der Gleise führt nach Saudi-Arabien. Es ist mein ultramegasuprafuturistischer Traum, den König des Landes für dieses historische Bekenntnis zu gewinnen. Mit ihm, dem Hüter von Mekka und Medina, mit ihm, dem Verantwortlichen für die Wahrung der Gebote des Heiligen Koran, möchte ich lieber heute als morgen die Botschaft aus der Al-Azhar im

Zentrum von Mekka verkünden. Und zwar auf einem Transparent von der Größe eines halben Fußballfeldes, unübersehbar gespannt vor der gewaltigen Häuserkulisse am Rande des Heiligen Platzes, weithin lesbar für jeden der vier Millionen Pilger, die zur Hadsch in Mekka zusammenströmen, um dort gemeinsam zu unser aller Schöpfer zu beten.

Von dort und unterstützt durch die Medien würde man die Ächtung der Weiblichen Genitalverstümmelung binnen weniger Stunden in der ganzen Welt zur Kenntnis nehmen. Selbst hinter der einsamsten Sanddüne der Sahara und der verschlossensten Haustür.

Das ist meine Vision. Dann hätte ich auf der Welt nicht nur Staub aufgewirbelt, sondern eine Spur für die Mädchen hinterlassen. Und ich hätte meinen islamischen Gastgebern den lang geschuldeten Dank abgestattet für ihre grenzenlose Gastfreundschaft. So alt kann ich gar nicht werden, dass ich sie je vergessen würde, jene Momente, wenn selbst die Ärmsten den letzten Tropfen Wasser, die letzte Dattel mir gaben, anstatt sie schnell und heimlich selbst zu schlucken.

Gott und die Welt

Meine Eltern waren evangelisch. Ich also auch. Ich musste am Religionsunterricht teilnehmen und wurde mit 13 konfirmiert. Das Foto dieses denkwürdigen Tages werde ich nie vergessen. Inzwischen ist es vergilbt. Alle Konfirmanden trugen einen dunklen Anzug. Ich brillierte mit weißen Kniestrümpfen. »Immerhin frisch gewaschen«, wie meine Mutter mir erklärte. Mir war es eh egal. Sie waren nicht Ausdruck von Aufmüpfigkeit. Es war Armut. Wir hatten im Krieg alles verloren. Meine Eltern hatten kein Geld für einen Anzug, der sechs Tage im Schrank hing, um sonntags getragen zu werden. Und eben zur Konfirmation. Leihen konnte ich mir keinen. Meine Freunde waren alle gleichaltrig. Sie brauchten ihr edles Tuch selbst.

Ob mit Anzug oder ohne, ob mit Kniestrümpfen oder ohne: Die Geschichten, die ich im Unterricht geboten bekam, waren bei mir auf Unverständnis gestoßen. Die Phänomene um den »Sohn« Gottes, seine jungfräuliche Mutter, seinen qualvollen Foltertod, ohne dass sein himmlischer Vater Pech und Schwefel auf die Täter regnen ließ, und schließlich seine Auferstehung blieben für mich unverständlich.

Natürlich konnte ich mir eine gewaltige Schöpfungskraft vorstellen, eine schöpferische Intelligenz, die das geniale Universum geschaffen hat, mich Ungenialen eingeschlossen, aber der Schöpfer war in meiner Vorstellung viel zu groß, zu unvorstellbar, als dass er sich mit solch familiären Problemen wie einer jungfräulichen Mutter abgeben würde. Das, die Schöpfungsgeschichte und vieles mehr waren mir zu sehr von Menschen gemacht.

Dass Jesus ein Prophet war, leuchtete mir noch ein. Immerhin hat er eine Weltreligion ausgelöst. Egal, ob gewollt oder ungewollt.

Solcher Propheten gab es einige. Mohammed gehört auch dazu. Aber er war ein Mensch und kein Sohn Gottes. Das konnte ich besser verstehen.

Als ich dann im Geschichtsunterricht lernte, dass die Christen, die Nächstenliebe und Wasser predigten, stattdessen morderten und Wein tranken, bekam mein Zweifel neue Nahrung. Hexenverbrennungen, Kreuzzüge, Indianervernichtung, Inquisition – die Geschichte des Christentums war mir zu blutig, zu unchristlich. Über dreihundert unfehlbare Päpste, die es befahlen, mitmachten oder es hinnahmen, wenn Menschenrechte im Namen des Christentums mit Füßen getreten wurden, die die Angst des Menschen vor dem Ungewissen nach dem Tod ausnutzten zur eigenen Machtentfaltung – da musste ich nicht auch noch mitmachen.

Im brasilianischen Urwald musste ich dann unter den Protestanten unwürdige Mitmenschen kennenlernen. Die New Tribes Mission ist dafür geradezu ein Paradebeispiel, Fanatiker der Sonderklasse. Missionare, die keinerlei Skrupel empfanden, malariakranken Indianern die Medizin zu verweigern, bis sie ein Vaterunser beten.

Dass sich überhaupt einiges geändert hat seit dem Jahre null, dass Kirche und Staat sich trennten, ist zwar nicht zu übersehen. Aber die Änderungen waren nie freiwillig geschehen, etwa aus Christlichkeit oder Überzeugung, sondern nur durch Gewalt.

Meine Eltern nahmen das gelassen hin. Sie gingen weiter in die Kirche. Allweihnachtlich. Nicht öfter. Also Dreihundertfünfundsechzigstel-Christen.

Natürlich habe ich differenzieren und damit auch viele positive Christen kennengelernt. Menschen, die mir höchste Bewunderung abgerungen haben, Menschen, die sich aufopfern für kranke Mitmenschen, Bischöfe, die auch dann noch mit ganzer Kraft gegen die Vernichtung der Yanomami-Indianer kämpften, wenn die Goldgräber-Mafia Attentate auf sie verübte und sie vor leeren Kirchen predigen ließ. Katholische wie evangelische Pfarrer, die TARGETs Arbeit unterstützen, wohl wissend, dass das Geld Muslimas und nicht Christen zugutekommt. Wahre Ökumene. Diesen Christen gebührt auch an dieser Stelle mein ganzer Respekt, meine Hochachtung, mein Dank. Eigentlich sollten sie sich zusammenschließen und eine neue Religion ins Leben rufen.

Ich bin nun keineswegs der Meinung, dass der Islam sich rühmlicher verhält als das Christentum. Was ich vermisse, ist die wirkliche Hilfsbereitschaft gegenüber Bedürftigen. Zwar gibt es die Abgabe für Arme. Aber die internationalen großen Hilfsorganisationen haben ihre Wurzeln sämtlich im Christentum. Entwicklungshilfe in Billionenhöhe kam und kommt aus christlich geprägten Ländern. Auch die Förderer von TARGET sind überwiegend Christen, für die Nächstenliebe und Hilfsbereitschaft nicht nur eine Vokabel, sondern Verpflichtung und Verantwortung sind, welche nicht an Länder- oder Religionsgrenzen haltmachen.

Für mein Leben habe ich die Alternative gewählt, ungebunden, sozialverträglich und mit Respekt und Demut vor der Schöpfung zu leben. Ich hoffe, dass es mir gelungen ist.

»Hast du nicht Angst, in der Hölle zu landen?«, fragte mich mal ein Eingeschüchterter aus dem Milliardenheer der Mitläufer. Kann sein, kann nicht sein. Da das fast jede Religion den Andersgläubigen prophezeit, müssten theoretisch alle in der Hölle Wiedersehen feiern. Vielleicht bin ich der Einzige im Himmel und fühle mich total einsam.

Im Gegensatz zu den vielen Menschen, die jünger sind als ich, werde ich es schon sehr bald erfahren, was von all den Glaubenslehren wahr ist und was Wunschdenken. Den Tod nehme ich als unabänderlich hin. Die größte Beruhigung für mich ist, dass er die einzige wirkliche Gerechtigkeit ist. Jedes Lebewesen ist davon betroffen. Früher oder später. Schon Tucholsky wusste, dass die wahrste aller Demokratien die Demokratie des Todes ist.

Was von mir bleiben wird, sind Staub und ein paar Spuren. Zum Beispiel die vielen gepflanzten Bäume in Rausdorf, die vielen Teiche, in der Vitrine die Bundesverdienstkreuze, auf den Flohmärkten einige meiner Bücher und an der TARGET-Front eine weiterkämpfende Annette. Bis auch sie ihren Löffel abgeben muss.

Das Finale

Das, was wir mit TARGET erreicht haben, hätte ich als junger Mensch nicht zustande gebracht. Mir wäre nicht einmal der Gedanke gekommen, dass ein Vorstadtbäcker sich überhaupt mit solch komplexen Themen auseinandersetzen könnte. Es fehlten mir die Erfahrungen des Lebens, die sich erst peu à peu aufbauten. Ich bin nicht gleich als das Gelbe vom Ei geboren worden wie das Heer der Besserwisser.

Entscheidend für meine Zeit als Aktivist für Menschenrechte war – ich erwähnte es bereits – der Kampf für die Unabhängigkeit der Yanomami-Indianer in Brasilien. Ohne die Erfolge dort hätte ich mich an das aktuelle Thema Weibliche Genitalverstümmelung nicht herangewagt. Als *junger* Mensch hätte ich in der arabischen Welt auch nicht die Akzeptanz gefunden, die mir heute widerfährt. Da kommen mir Alter und Bart ein wenig entgegen. Vorteile des Seniors. Als älterer Mensch habe ich inzwischen und notgedrungen auch gelernt, meine Ungeduld zu zähmen, zumindest um fünf gefühlte Prozentpunkte. Mit 75 ist es absehbar, wann Gevatter Tod mich dann völlig zähmt. Um hundert Prozentpunkte.

Ich habe viele Menschen sterben sehen. Manche grauenhaft qualvoll. Und immer dachte ich dabei auch an mein eigenes Ende. Wird es ähnlich qualvoll sein? Oder geschieht es aus heiterem Himmel wie bei Michael Teichmann, als er ohne Vorwarnung von hinten mit einem Dumdum-Geschoss in den Kopf getroffen wurde?

Dem schnellen Tod habe ich oft genug Chancen gegeben.

Man will ja fair sein. Auch der Tod hat seine Existenzberechtigung. Viele meiner Bücher erzählen davon. Fest stand immer, ich möchte nicht elend dahinsiechen. Aber wer will das schon? Deshalb habe ich unter anderem eine Patientenverfügung verfasst. Geschrieben bei vollem Bewusstsein, sofern ich das je besessen habe. Ich habe die mir am nächsten stehenden Menschen, Annette Weber und Klaus Denart, gebeten, für deren Einhaltung zu sorgen.

Was nach meinem Ableben sein wird, ist mir genauso wenig klar wie allen Menschen. Je näher der Tod rückt, desto mehr erlebe ich Momente, in denen ich mich zwangsläufig damit auseinandersetze. Werde ich meinen See noch einmal in meinem Leben ausbaggern müssen? Wohl eher nicht. Werde ich noch einmal einen Drei-Jahres-Leasing-Vertrag für einen Transporter abschließen? Wohl eher ja.

Geht es irgendwo im Weltall weiter? Oder habe ich mich etwa Jahrzehnte durchs Leben gestrampelt, um nur noch Nahrung für Kleinlebewesen zu werden? Gibt Freund Tod den Würmern Gelegenheit, sich bei mir dafür zu rächen, weil ich einige von ihnen als Nahrungsmittel erprobt habe, weil ich ihr Protein der Menschheit schmackhaft machen wollte als meinen Beitrag zur Reduzierung der Hungersnöte?

Was hat das Leben auf der Erde überhaupt für einen Sinn? Wer hat sich die beispiellose Unfassbarkeit des *Universums*, dieses komplexe Gefüge von Mikrokosmos und unendlichem Weltall ausgedacht, wenn nicht ein supergenialer Schöpfer? Egal, ob er für sein Kunstwerk Universum sechs Tage – zuzüglich einem gewerkschaftlich garantierten Ruhetag – benötigt oder per Urknall eine nie endende Evolution in Gang gesetzt hat? In diesem Wahnsinnsgefüge der Schöpfung bin ich gefangen wie jedes Tier, jede Pflanze, jede Mikrobe und vor allem auch jeder Mensch. Egal ob reich oder arm. Ungefragt bin ich von Karl und Lieselotte Nehberg, geborene Krause, in Bielefeld gezeugt, geboren und zum Teil dieses Lebenszyklus gemacht worden, vom Tag der Geburt an dem sicheren Ende entgegenstrampelnd, unbeeinflussbar, unaufhaltsam.

In Erkenntnis dieses Unausweichlichen war schon sehr früh eine meiner Lebensdevisen: »Heute beginnt der Rest des Lebens. Nutze ihn!« Das hat mir viele Entschlüsse erleichtert, die ich sonst auf die lange Bank geschoben hätte. Ein Lebenseinstellung à la »Ich freue mich auf das Rentnerdasein. Dann gönne ich mir endlich eine Weltreise« hatte in meiner Gedankenwelt nie ein Chance. Ich hatte die Angst, es »später« nicht mehr zu können.

Zu den richtigen Last-minute-Entscheidungen zählt beispielsweise mein Marsch ohne Ausrüstung durch den brasilianischen Urwald. 25 Jahre bin ich mit diesem Traum schwanger gegangen. Wie ein unbekleideter Indianer wollte ich im Dschungel klarkommen. Egal, wie lange es dauern würde. Ein Hubschrauber hatte mich dann, 69-jährig, ohne Ausrüstung und so weit sein Sprit reichte, im Nirgendwo Nordbrasiliens abgesetzt. Meine Instinkte, das Survivalwissen, die Erfahrungen aus der Yanomami-Zeit und ein Auffrischungstraining bei den Waiapí-Indianern waren mein einziges »Gepäck«, meine Lebensversicherung. Oberste Regel fürs Heimfinden: alle Flüsse fließen in die Zivilisation. Und mögen sie sich vor lauter Unentschlossenheit noch so winden, weil ihnen vor der Begegnung graut.

Nach drei Wochen stand ich wieder auf der Matte im Müll der Zivilisation.

Heute könnte ich das nicht mehr. Ich könnte wohl keine meiner Reisen wiederholen. Zu viel meiner Kraft ist geschwunden. Tausend Kilometer Deutschlandmarsch ohne Nahrung, Befahren der äthiopischen Ströme Blauer Nil und Omo, die Karawane durch die Danakilwüste in Kriegszeiten, die dreimalige Überquerung des Atlantiks auf Vehikeln, die alle Handelsschiffe und Küstenwachen veranlassten, mich retten zu wollen, der Wettmarsch gegen den australischen Ureinwohner durch siebenhundert Kilometer glühendes Outback, die 18 Jahre im Regenwald mit den Yanomami und manches mehr.

Wollte ich heute beispielsweise noch einmal den Blauen Nil befahren, müsste ich es komplett anders angehen. Ich bräuchte einen starken Partner, der meine reduzierten Kräfte kompensiert. Und ich bräuchte ganz andere Strategien. Denn heute trägt jeder Einwohner am Fluss eine Maschinenpistole. Da gäbe es kein Entkommen mehr wie damals, als man noch ausnahmslos Karabiner trug und jedes Mal nachladen musste.

Heute müsste man sich von Dorf zu Dorf vortasten. Dörfer, die aber nicht sichtbar am Fluss, sondern weit entfernt in den Bergen liegen, deren Bewohner dennoch allgegenwärtig sind. Man müsste sich der Gastfreundschaft dieser Menschen versichern und mit Leibwächtern fahren, die einem von den Clanchefs zugeteilt würden.

Im Rückblick bereue ich keine meiner Reisen. Ich bin glücklich, dass ich meine jüngeren Jahre genutzt habe, auf verrückteste Arten und Weisen Teile der Erde erkundet zu haben. Getreu einer Weisheit des niederländischen Philosophen Erasmus von Rotterdam, der da gesagt haben soll: »Die höchste Form des Glücks ist ein Leben mit einem gewissen Grad an Verrücktheit.«

Vom Traum über die Planung bis hin zur Durchführung lagen manchmal nur Wochen. Taten statt Warten. Ich schätze mich glücklich, dass ich mich nicht vom Diktator Mammon habe umstimmen lassen, lieber daheimzubleiben, um mehr Geld zu scheffeln.

Ich bin auch froh darüber, dass ich meine jeweiligen Leistungsgrenzen immer richtig eingeschätzt habe. Auch und vor allem dann, wenn ich mich nach und nach vom einen oder anderen Körperteil verabschieden musste. Und das ist inzwischen einiges. Es begann mit den Mandeln und setzte sich munter fort. Es folgten Blinddarm, Krampfadern, diverse Zähne, Haare, Gehör, Sehschärfe, Körperkraft, Merkfähigkeit.

Nicht zu vergessen das bereits angesprochene Stück Samenleiter, das ich geopfert habe, nachdem ich mich entschieden hatte, mich nicht weiter zu vermehren. Das war nicht nur reiner Egoismus oder das Eingeständnis an meine wenig ausgeprägte väterliche Kompetenz, sondern gleichzeitig mein Beitrag zur Reduzierung der Überbevölkerung auf friedlichem Wege.

Statt eigener Kinder haben Annette und ich die vier Patenmädchen in Äthiopien. Damit sind wir ausgelastet. Dennoch möchte ich die Gelegenheit dieses Buches nutzen und mich bei allen durch mein Verschulden ungezeugten Kindern zu entschuldigen. Das dadurch verursachte Bevölkerungsdefizit wird von unserer früheren Bundesfamilienministerin Ursula von der Leyen und ihren sieben Kindern ja würdevoll wettgemacht.

Was nach 75 Jahren Verschleiß vom Urformat meiner Person, Gründungsjahr 1935, noch übrig ist, ist Rüdi, die Restsubstanz.

Deshalb kommt mir meine augenblickliche Tätigkeit als »Aktivist für Menschenrechte« in der speziellen Mission gegen die Weibliche Genitalverstümmelung, die mich quer durch die arabische und islamische Welt führt, sehr gelegen. Sie ist genau auf die verbliebenen Fähigkeiten zugeschnitten, lässt sich für mich noch bewältigen, im Gegensatz zu dem Abenteuer nach dem Motto »Überlebensgürtel umgeschnallt und los«.

Die Tätigkeit als Menschenrechtsaktivist ist ein Abenteuer ganz anderer Art und Dimension. Dennoch mehr als spannend und von ganz anderer Erfüllung. Ich kann diese Lebensart nur jedem wünschen, dem der Sinn nach Ähnlichem steht.

Noch bleibt mir die Hoffnung, dass mein Schutzengel nicht gemeinsam mit mir altert, sondern so fit bleibt wie bisher. Dann ließe sich noch mancher Berg versetzen. Jedoch konkret befragt, wie ich denn am liebsten sterben würde, gibt es für mich seit 35 Jahren nur eine einzige Antwort. »Genau wie Michael Teichmann. Ohne Ankündigung. Schuss von hinten in den Kopf.«

»Das ist ja schrecklich!«, reagierte eine Journalistin auf diese Antwort.

»Ich bin sicher, dass es absolut schmerzlos ist«, versuchte ich zu erklären. »Nur für die Umstehenden mag es ein weniger schöner Anblick sein.«

»Nein, das meine ich ja nicht. Dann wissen Sie ja gar nicht, wer Sie umgebracht hat.«

Tja, das stimmt. An was man nicht alles denken muss! Vielleicht findet sich zu gegebener Zeit ein netter Mensch, schreibt mir den Namen des Täters auf einen Zettel und wirft ihn in mein Grab, wenn es das denn gibt. Zeit zum Lesen habe ich ja dann genug. Doch wenn schon Sarg und Beerdigung, dann sollte man die Kiste gut zunageln. Sonst stehe ich wieder auf der Matte.

Was ich jedoch wirklich will, ist *kein* Sarg, ist *keine* Beerdigung, ist *keine* Grabrede. Hätte ich nach dem Tod in solchen urpersönlichen Dingen noch das Sagen, würde es kein öffentliches Begräbnis geben. Sterbe ich in der Zivilisation, bevorzuge ich die Verbrennung. Annette möge die Asche dem Wind anvertrauen auf seinem Weg um die Erde. Er war oft mein engster Verbündeter. Sei es, wenn er meine Schifflein über den Atlantik trieb, mein Feuer in Gang hielt oder mich kühlte in den Wüsten.

Sollte am Verbrennungstag zufällig Flaute herrschen, mag man meine staubigen Reste der kleinen Corbek anvertrauen, jenem Bach neben meinem Haus. Er fließt in die Bille und dann in die Elbe. So würde ich ein letztes Mal auf dem Meer landen mit der eigenen Asche als Fahrzeug. Wem ist das schon vergönnt?

Als Gegenleistung für die Verbrennung habe ich meine Verfügung bei der Universität Hamburg zurückgezogen. Annette zuliebe. Ursprünglich sollten mich aufstrebende Medizinstudenten in meine verbliebenen Bestandteile zerlegen und meinen Wandertrieb analysieren. Annette, ausgebildete Arzthelferin, konnte sich jedoch mit diesem Gedanken nicht anfreunden. »Dann spielen die mit deinem Kopf Fußball«, argumentierte sie. Dafür wäre er mir dann tatsächlich zu schade. Sollen die doch ihre Langeweile vor der Glotze totschlagen.

In Ermangelung eines Begräbnisses könnte sich jedoch jeder, der meint, mir eine letzte Reverenz zollen zu müssen, daheim und ganz privat den Herzschlag beschleunigenden Beatles-Song »Give Peace a Chance« vorspielen – mindestens 150 Dezibel – und dabei eine Minute strammstehen, still sitzen oder gymnastische Übungen vollführen. Das reicht mir als akustischer und optischer Rahmen, und ich bedanke mich hier und heute bereits für die Ehrerbietung. Gleichzeitig entschuldige ich mich für die Behelligung des gewohnten Tagesablaufs.

Wen das Lied in Stimmung gebracht hat und wem es zu kurz war, dem biete ich an, sich als Zweitsong »I Will Always Love You« in der Interpretation von Whitney Houston oder Andrea Bocelli zu gönnen. Es könnte aber sein, dass meine Hörgeräte das noch mitbekommen und mich wiederbeleben. Denn bekanntlich sterben Hoffnung und Hörgeräte immer zuletzt, weit nach ihrem Besitzer. Wie der Hund, der am Grab seines Herrn den Mond anheult.

Aber wollt ihr das wirklich? Nein. Vielleicht enthebe ich alle meine Nachfahren von dieser schwierigen Entscheidung und beende mein Dasein dort, wo es mir immer gut gefallen hat:

im Urwald oder am Blauen Nil. In beiden Gegenden habe ich ein Refugium, in das ich mich zurückziehen könnte. Ich war vor meiner Zeugung ein Nichts und bin nach meinem Ableben ein Nichts und bleibe einfach verschwunden.

Der ausdrückliche Verzicht auf Beerdigung und Trauergemeinde hat allerdings auch zwei humanitäre Gründe. (Jetzt spricht der Pragmatiker.) Ich habe nichts mehr von eurem Besuch. Wir haben uns zu Lebzeiten oft genug gesehen. Ich schulde euch nichts mehr. Wir sind quitt. Behaltet mich in lebendiger Erinnerung. Das Geld, das der Aufwand kosten würde, ist bei TARGET besser aufgehoben als beim Bestatter. Und vor allem möchte ich meinen Trauergästen die Pein ersparen, nur deshalb wirklich traurig zu sein, weil ihnen am Grab klar würde, dass ihr eigenes Leben womöglich ein bisschen ungelebt gewesen ist. Ich möchte ihnen das Selbstmitleid ersparen.

Und auf gar und überhaupt keinen Fall möchte ich Worte eines Geistlichen am Grab hören! Das empfände ich als höchste Störung meines wohlverdienten Grabfriedens.

Haltet Annette und unserem Projekt die Treue. Mehr brauche ich nicht. Ihr werdet euch wundern, wie powervoll sie das Werk fortführen und vollenden wird. Power of Love and Conviction.

Ideen für junge Menschen

»Was würden Sie jungen Leuten raten, die den Wunsch haben, ein abenteuerliches Leben zu führen?«

Im Grunde graut mir vor solchen Fragen. Dennoch schreibe ich dieses Kapitel, obwohl ich genau weiß, dass »gute Ratschläge ihren ausgezeichneten Ruf nur dem Umstand verdanken, dass sie niemals befolgt werden«. Diese Weisheit ist nicht auf meinem Mist gewachsen, sondern auf dem des österreichischen Autors Daniel Spitzer.

Ich möchte nicht neunmalklug und besserwisserisch daherkommen. Jeder sollte sein Leben so einrichten, wie er es für richtig hält. Zumal jeder Mensch andere Voraussetzungen mitbringt, anderen Ehrgeiz und andere Ideale besitzt.

Komme ich um die Antwort nicht umhin, würde ich empfehlen, allen Rat gebenden Menschen skeptisch gegenüberzutreten. Mich eingeschlossen. Spannt einen Filter zwischen sie und euch und analysiert, ob es sich um einen typischen Besserwisser handelt. Dann eliminiert ihn!

Oder ist es ein typischer Anpasser, der euch spannende Ideen kleinreden möchte, damit ihr nicht über ihn triumphiert? Weg mit ihm!

Oder ist es ein Feigling, der lieber weiterhin ungestört seinen alten Trott leben will und vermeiden möchte, dass du ihm die Sinnarmut seines Lebens verdeutlichst? In die Tonne treten, die Flasche, fein säuberlich sortiert nach Weißglas (durchschaubar) und Buntglas (weniger durchschaubar).

Oder überzeugen dich die Argumente? Dann beherzige sie

und gib dem Mitkämpfer, der Mitkämpferin ein Küsschen von mir. Ihm auf die Stirn, ihr auf die Lippen.

Nun wird dieses Kapitel doch länger als beabsichtigt. Das mag man mir nachsehen. Aber schließlich hat die Jugend das Leben noch vor sich. Dafür kürze ich das Kapitel für meine Seniorenkollegen. Einverstanden?

Grundsätzlich musst du in deine Gedanken einbeziehen, dass es auch für wirkliche Freunde sehr schwierig ist, dir Ratschläge zu erteilen, wenn dein Vorhaben neuartig oder gar revolutionär ist. Woher sollen sie die Erfahrung nehmen? Was, wenn dir dein Vorhaben misslingt? Was, wenn du von einem Abenteuer nie mehr heimkehrst? Was, wenn deine Selbstständigkeit zur Insolvenz führt? Dann müssten sie sich ja zeitlebens Vorwürfe machen. Deshalb liegt die letzte Entscheidung immer bei dir. Du musst wissen, ob das Risiko, das du eingehst, den Einsatz wert ist. Du hast alles geplant, nur *du* weißt, was dich erwartet. Zu Entscheidungen gehört eine Portion Zivilcourage.

Überleg dir im stillen Kämmerlein unter zwei Augen, nämlich deinen eigenen, ob du womöglich nur deshalb andere fragst, damit du schließlich sagen kannst, ich lasse es lieber, weil meine Eltern, Freundin, mein Freund, mein Chef und sonst wer mir abraten. Damit du dann den »Vernünftigen« raushängen lassen kannst, der aus »Verantwortungsbewusstsein« auf das Wagnis verzichtet, obwohl du in Wirklichkeit Angst hast, deine Pläne zu verwirklichen. Dann vermag ich nicht, dir zu helfen. Denn dann hast du dich für die risikofreie Alternative entschieden, dein Leben womöglich zu »versaufen, verdösen, verplappern, verglotzen, verwarten«, wie der Schriftsteller Andreas Altmann es in seinem Buch *Sucht nach Leben* formuliert hat.

Wenn das so ist, ist es tatsächlich besser, wenn du verzichtest. Wenn jemand nicht mit ganzer Persönlichkeit hinter seinem Vorhaben steht, ist es zum Scheitern verdammt. Dafür entgeht dir Unvergessliches, Unvergleichbares, und du lebst nur einen Bruchteil des möglichen Lebens. Mit Mut aber kannst du aus deinem *einen* Leben drei, vier, fünf machen. Überleg es dir. Lerne, zwischen den Zeilen zu lesen. Was davon bei dir hängen bleibt, das ist dann deins.

Zum erfüllend geführten Leben gehört unter anderem, dass man sich selbst richtig einschätzen sollte. Vor Abenteuern, die körperliche Fitness erfordern, würde ich immer zu Trainings raten, die über die Grenzen der bisherigen Erfahrungen hinausgehen. Erst dann stellt sich heraus, ob man den entstehenden Problemen gewachsen sein und durchhalten wird. Daheim, beim Lesen verlockender Bücher, beim Konsumieren anregender Filme, ist man in seiner Phantasie schnell allen und jedem überlegen. Aber in der Praxis genügt schon eine Blase am Fuß, ein Tag ohne Essen, fünf Grad mehr oder weniger Temperatur oder eine kleine hartnäckige Mücke, und der innere Schweinehund murrt bellend, trägt den Sieg davon, und sein Herrchen/Frauchen geben auf.

Nehmen wir das Beispiel meines Deutschlandmarsches. Immerhin 1000 Kilometer. Ein »Abenteuer«, das vor der Haustür liegt und dazu noch gratis ist. Er war einer meiner größeren Leidensfähigkeitstests, denn die Aufgabe lautete: ohne Nahrung und Ausrüstung von Nord- nach Süddeutschland. Von der freien Natur zu leben, ohne zu stehlen, betteln, ohne Mundraub oder zu wildern. Kleidung: ein Overall, Schuhwerk, eine Aluminiumfolie gegen Wind und Regen. Also Minimalausrüstung.

Da erlebte ich meinen Körper völlig neu. Pro Tag verlor er ein halbes Kilo Lebendgewicht. Zunächst baute er das Fett ab, dann die Muskulatur, schließlich das Hirn. Anfangs belebte mich diese Umstellung. Der Körper entschlackte. Ich fühlte mich elastischer, beflügelter. Nach drei Tagen verschwand sogar das quälende Hungergefühl. Das Essen war plötzlich gar kein Thema mehr. Ich musste nur für ausreichend Wasser sorgen und im Laufe der Tage für längere Ruhepausen, damit der Körper den Treibstoff, den er benötigte, in Ruhe von der verbliebenen Körpersubstanz abbauen und in Wärme und Kraft umwandeln konnte. Abends war es wichtig, rechtzeitig ein molliges Kuschellager zu bauen, um nachts so wenig Körperwärme wie möglich zu verlieren. Denn sie hätte neue Nahrung erfordert. In meinem Falle war die Kopfbedeckung wichtig. Wer keine Haare hat, verliert die meiste Wärme über den Kopf. Und ich führte dem Körper von außen Wärme zu in Form kleiner Feuer.

Erschwerend kam hinzu, dass ich Blasen an den Füßen hatte. Teilweise rohes Fleisch. Nach jeder Pause brauchte ich mindestens eine Viertelstunde, ehe ich mich eingehumpelt hatte. Interessant die Erfahrung, wie der Körper irgendwann das Schmerzgefühl reduzierte und verlagerte. Konnte ich eben noch auf dem linken Bein kaum auftreten, war es bald das rechte.

Am Ziel in Oberstdorf hatte ich einen Viertelzentner Eigengewicht verloren. Ich hatte mich in eine Mumie verwandelt. Ich erschrak vor mir selber. Gut, dass ich keinen Spiegel bei mir gehabt hatte. Womöglich hätte ich sonst aufgegeben. Aus nacktem Mitleid mit mir Jammergestalt.

Wichtig zu wissen ist, dass das jeder und jede kann. Solche Trainings fängt man klein an und steigert sie. Auch ein Dreitagesmarsch beschert eine grandiose neue Selbsterkenntnis. Trainings sind ein Teil des Gesamtunternehmens und machen alles runder und spannender.

Natürlich gehören nicht nur die körperlichen, sondern auch die vielen geistigen Vorbereitungen dazu. Kurse ohne Ende. Beispielsweise Sprachen oder solche, um den Küstenschifffahrtsschein zu erwerben, das Funkzeugnis, die Jägerprüfung. Oder es sind die mannigfaltigen Gespräche mit Fachleuten aller Zünfte. Es ist das Gesamtpaket »Abenteuer«, das eine Unternehmung so spannend und erlebenswert macht.

Ein weiterer und sehr wichtiger Tipp ist der, dass sich niemand *unter*schätzen sollte. Kein Mensch ist zu gering, selbst utopischste Visionen zu realisieren. Schließlich ist alles von Menschen Gemachte auf dieser Erde zunächst im Kopf einer einzigen Person entstanden. Sei es ein Haus, eine Partei, eine Religion, Krieg oder Frieden, die Olympiade oder die UNO. Und diese eine Person hat es verstanden, mit den richtigen Partnern, der richtigen Strategie, mit Glück und Geduld das Ziel zu erreichen. Dieser Gedanke kam mir leider auch erst sehr spät. Es war während meiner Yanomami-Ära, als auch mein zweites, drittes, viertes Buch oder die zwanzigste und 25ste Aktion keine Wende in der Indianerproblematik bewirkt hatte, da erinnerte ich mich historischer Persönlichkeiten wie Michael Gorbatschow, Nelson Mandela, Mahatma Gandhi, Jeanne d'Arc und Religionsgründer wie Jesus und Mohammed. Keiner von ihnen hatte von Anfang an mit seiner Idee Erfolg. Diese Erkenntnis wurde fortan mein bester Berater. Warum sollten nicht auch wir dazugehören? Du und ich. Jedes kleine Ereignis, jeder Rekord hat als Urheber einen Menschen, der ihn sich erarbeitet hat. Dass er es wirklich schafft, weiß er erst am Ziel. Bis dahin wird er ein ständiges Auf und Ab der Gefühle durchmachen.

Ein weiterer Tipp wäre, sich so vielseitig auszubilden wie möglich. Noch nie war das Bildungsangebot so groß wie heute. Ob Volkshochschule oder Internet. Der Bildung sind keine Grenzen gesetzt. Per Wikipedia steht dir das gesamte Wissen der Welt zur Verfügung.

Vermeide Einseitigkeit und Abhängigkeit. Einseitigkeit im Denken und Abhängigkeit vom Arbeitgeber. Schneller als man ahnt, wird ein Arbeitnehmer wegrationalisiert und steht auf der Straße. Schneller als er denkt, ist sein Arbeitgeber pleite, weil er sich seinerseits abhängig gemacht hat von einem einzigen Auftraggeber, der pleitegegangen ist.

Selbst zu Zeiten meiner Konditorei hatte ich immer auch andere Einnahmequellen und nicht nur meine kleinen Brötchen und Küchelchen. Da waren meine Bücher, Survivalkurse und Vorträge. Jederzeit hätte ich sie zu einem neuen Hauptberuf ausbauen können. Inzwischen ist es mein Engagement für Menschenrechte, das ich mir zum Hauptberuf gemacht habe. Und das Besondere: dafür erhalte ich nicht einmal Geld. Ich mache es ehrenamtlich. Denn ich lebe von Publikationen und Vorträgen.

Die beglückendste Form der Unabhängigkeit bietet dir nur die eigene Selbstständigkeit. Sie macht dich frei von den Launen eines Chefs, von dessen Misswirtschaft, von Mobbing. Egal, wie groß dein eigenes Unternehmen sein wird. Ob du eine Ein-Personen-Firma betreibst oder ein Großunternehmen. Nur dann kommt deine ganze Persönlichkeit zur Entfaltung. Nur dann merkst du rechtzeitig, wenn etwas schiefläuft, und du kannst gegensteuern. Aber immer heißt es, bleib wachsam, unruhig, neugierig. Egal ob du den zehnten, 30., 50. oder, wie ich heute, den 75. Geburtstag feierst.

Ratschläge für etwas ältere Menschen

Nie konnte ich Menschen verstehen, die sich deshalb auf das Rentenalter freuten, weil sie dann ständig zu Hause herumhängen und ausschlafen können bis in die Puppen. Ohne Aufgabe, ohne Ziel. Rentner, für die das aktive Leben beendet ist und Passivität fortan zur Lebensdevise wird. Rentner, die im Grunde nun auf ihren Tod warten. Was soll man auch sonst machen? Wartezeit, unterbrochen allenfalls von einer neuen seltenen Briefmarke für die alte Sammlung, dem Studium der Todesanzeigen, einer Kaffeefahrt an die Nordsee oder einem Besuch in der Arztpraxis. Müsste ich so leben, würde ich schnell verkümmern und wegen innerer Vertrocknung sehr bald das Zeitliche segnen. Ich brauche *action* und Herausforderungen. Ich möchte planen, gestalten, helfen und Neues erleben. Ich habe mehr Pläne als Restlebenszeit.

Dabei gibt es für jeden Menschen, der noch irgendwie geistig und körperlich fit geblieben ist, genug Erfüllendes zu tun. Sich regen bringt Segen. Das hört mit dem Rentenbescheid nicht auf. Ehrenamtliche Tätigkeiten werden zuhauf gebraucht. In vielen Städten gibt es regelrechte Börsen gemeinnütziger Vereine, bei denen man sich einklinken kann. Projekte liegen auf der Straße. Im wahrsten Sinne des Wortes. Und in jeder Preis- und Gefühlslage.

Am erfüllendsten finde ich eigene Projekte, für die man persönlich verantwortlich ist. Das erspart die in Vereinen üblichen zermürbenden Debatten. Beim Einzelkämpfer heißt es knapp ja oder nein, heute oder morgen.

Eines solcher erfüllenden Projekte ist für Annette und mich die Patenschaft für vier äthiopische Mädchen mit besonders hartem Verstümmelungsschicksal. Eine Rundumversorgung für Kinder, die sonst nie eine Chance hätten, sich selbst aus ihrem Elend zu befreien, wenn nicht mithilfe von außen. Wir sichern ihnen Nahrung, Schulbildung, Unterkunft bei einer verantwortungsbewussten Familie und – wir überwachen das Projekt. Das kostet für deutsche Verhältnisse wenig und bewirkt viel. Am Erfolg unserer Mädchen erleben wir, wie viel wirtschaftliche Kraft Afrika verloren geht, weil man die Frauenpower unterdrückt. Sie sind die Besten ihrer Schulklassen.

Wir haben auch andere Kleinprojekte aufgebaut. In Mauretanien ist es eine Gruppe von sieben ehemaligen Verstümmlerinnen, denen wir eine Näh- und Ladenexistenz initiiert haben.

Im Ort Barahle, unserem Arbeitsgebiet in der Danakilwüste, ist es das Projekt »Verstümmlerinnen zu Hebammen«. Hört sich an wie »Schwerter zu Pflugscharen«. Und genau das Prinzip ist es. Sechs Exverstümmlerinnen haben die Predigt in der Moschee gehört. Die Worte aus unserem Goldenen Buch. Sie haben vernommen, dass es ab jetzt Sünde und strafbar ist, Mädchen diese Schändung anzutun. Und seither ziehen sie aufklärend durch die Lande. Der Vorteil: Diese Frauen kommen mit den Gebärenden in engsten Kontakt und können sie glaubwürdig über die verheerenden Folgen der Verstümmelung aufklären. Bereits nach wenigen Monaten präsentierten sie uns sechzig Mütter mit ihren neugeborenen Töchtern. Sie schworen öffentlich vor Allah, ihrem Bürgermeister und uns, ihre Töchter unversehrt zu lassen. »Ihr könnt das jederzeit kontrollieren. Wir lassen unsere Mädchen jederzeit von TARGETs Ärzten untersuchen.«

Es liegt nahe, dass infolge meiner Vergangenheit meine Projekte exotischer Art sind. Aber es geht natürlich auch ganz anders. Es ist nicht jedem gegeben, in die Ferne zu reisen. Das muss aber auch gar nicht sein. Man findet eigene Projekte in jeder »Preislage« auch in der Nachbarschaft. Man muss nur mit wachen Sinnen danach Ausschau halten und sie den finanziellen und körperlichen Gegebenheiten anpassen.

Zwei kleine Beispiele.

Du kannst eine alleinerziehende Mutter zu einem Kaffee einladen und ihr einfach nur zuhören. Bestimmt ergibt sich daraus eine Möglichkeit, ihr unter die Arme zu greifen. Vielleicht magst du dich ein paar Stunden um ihre Kinder kümmern und eine Vorlesestunde arrangieren, ins Kino gehen, Kasperletheater vorführen und lehren, mit gekauften oder selbst gebastelten Figuren.

Gründe eine Initiative »Sicherer Schul- oder Kindergartenweg«.

Und wenn dir mal der Mumm abhandenkommt, dann lies das Buch *Zwei alte Frauen* von Velma Wallis. Das macht Mut, auch deinem Alter noch einen Lustgewinn abzuzwacken.

Zukunftsvisionen

Das Wichtigste meiner Ziele ist erreicht. Das war die Ächtung der Weiblichen Genitalverstümmelung von den höchsten Muslimen in der Al-Azhar zu Kairo am 24. November 2006. Das zu erreichen hätte ich in kühnsten Träumen nicht zu hoffen gewagt. Aber es ist geschehen. Diese historische Botschaft zu verbreiten ist Annettes und mein nächstes Ziel. Das soll geschehen mithilfe des Goldenen Buches und der Goldenen DVD.

Was die Verbreitung von heute (März 2010) auf morgen explosionsartig beschleunigen würde, wäre die Realisierung meines nächstgrößeren Vorhabens. Das ist mein Wunsch, den König von Saudi-Arabien davon zu überzeugen, mich am Heiligen Platz in Mekka die Botschaft von Al-Azhar auf unübersehbarem Transparent verkünden zu lassen.

Sollte das Vorhaben gelingen, wäre der Brauch sehr schnell beendet. Wir könnten den Druck weiterer Goldener Bücher stoppen. Sie würden nahezu überflüssig.

Neben der hoffnungsvollen Zukunft für die Frauen, wäre das auch die historische Gelegenheit für den Islam, der Welt zu zeigen, wie viel Positives er mit seiner Kraft bewirken kann. Schlagartig wäre die Ära beendet, in der es den Terroristen vorbehalten bleibt, den Islam zu repräsentieren als eine große Verbrecherbande. Die schweigende Mehrheit hätte sich zu Wort gemeldet. Und ich bin davon überzeugt, dass sie weit größer ist als die islamistische Front.

Das Bekenntnis am Heiligen Platz brächte außerdem andere Religionen, bei denen das Verbrechen der Weiblichen Genitalverstümmelung ebenfalls praktiziert wird, unter Zugzwang. Sie müssten dem islamischen Beispiel folgen.

Und – bleiben wir im utopischen Bereich – sollte das gelungen sein, dann möchte ich etwas sehr Besonderes durchführen. Etwas, das es noch nie seit Menschengedenken gegeben hat. Vor der Umsetzung dieser Idee graut es sogar Annette. Und das will was heißen. Möge mein Schöpfer mir diese Gnade noch zuteil werden lassen. Das wäre meine »Karawane des Dankes«. Eine Demonstration des Respekts vor dem epochalen Bekenntnis von Mekka. Eine Karawane vom Atlantik bis zur Kaaba. Zu Fuß oder auf Kamelen. Ein Unterfangen für Tausende und Abertausende von mittellosen Menschen, die sich so ihren Traum von der Pilgerreise nach Mekka erfüllen könnten. Gesponsert von Menschen, die aus wohlhabenden Verhältnissen kommen und jeweils mehrere Patenschaften für mittellose Pilger übernehmen. Dafür dürften sie ebenfalls an der Reise teilnehmen. Auch Nichtmuslime.

Im Geiste sehe ich diese endlose Menschenkette durch die Wüste ziehen, beobachtet von Satelliten, begleitet von den Medien, eine gewaltige Staubwolke. Sie müsste gesichert werden durch die Armeen der zu durchziehenden Länder, begleitet von Erste-Hilfe-Wagen und fahrenden Küchen. Abends das Lager, die großen gemeinsamen Gebete, die Rast unterm endlosen Sternenhimmel, die Gespräche unter Gleichen. Wanderer, die alle denselben Gott haben, die alle irgendwann von Ihm wieder abberufen werden.

Die einzige Teilnahmebedingung für die gesponserten Pilger wäre das ständige Tragen einer leichten Fahne. Text: »Wir danken den weisen Führern des Islam für die Ächtung der Weiblichen Genitalverstümmelung. Sie ist Sünde.«

Da die Reise weltweit von den Medien begleitet werden wird, wäre die Botschaft auf jedem Bild und Filmteil zu sehen, und es bestünde damit eine weitere Möglichkeit, die Nachricht weltweit zu manifestieren.

Am Roten Meer müssten die Nichtmuslime umkehren. Nur noch die eigentliche Pilgertruppe würde den Rest des Weges bewältigen. Der Rückweg soll per Flugzeug erfolgen.

Mein Traum wären Größenordnungen von 10 000 und mehr Menschen. Unmöglich?

Da kann ich nur schmunzeln und denke an Hannibal und Cäsar, die viel Gewaltigeres geschafft haben. Und das zu Zeiten, als es noch keine Flugzeuge, Autos, Handys und Erdbeeren zu jeder Jahreszeit gab.

Natürlich könnte ich das nicht allein organisieren. Hier kämen Großunternehmen ins Spiel, für die die Demonstration werbewirksam sein könnte. Sie würden dann auch die logistischen Herausforderungen meistern. Bewerbungen nehme ich gern entgegen.

Die Staubwolke der Karawane des Dankes vernebelt schon jetzt jeden meiner Träume.

Fragen über Fragen

Mitunter werden einem von Zeitungen Listen mit mehr oder weniger tiefsinnigen oder heiteren Fragen gestellt. Nach dem Motto »Was ist Ihre Lieblingsfarbe?« (besonders tiefsinnig), »Wann haben Sie den letzten Wurm verspeist?« (besonders heiter).

Aber auch in vielen Mails, Briefen und Interviews gibt es immer wieder einige Themen, zu denen ich mich offenbar noch nie geäußert oder zu denen ich mich gescheut habe, Stellung zu beziehen. Heute breche ich das Schweigen, springe über meinen Schatten und zerfleische mich selbst.

Was war deine größte persönliche Leistung?

Angesichts des schreienden Unrechts, das ich erlebt habe (drohender Völkermord an den Yanomami-Indianern, Weibliche Genitalverstümmelung), nicht zum Terroristen geworden zu sein.

Welches war dein größter Erfolg?

Gemeinsam mit Annette und in Kooperation mit der geistlichen Elite des Islam den Brauch der Weiblichen Genitalverstümmelung zu einem Verbrechen, zur Sünde, erklären zu lassen und damit gleichzeitig zu demonstrieren, dass es auch einen anderen Islam gibt als den, den Terroristen der Welt vorführen.

Was war dein größtes Versagen?
Dass ich Michael Teichmanns Ermordung am Blauen Nil nicht habe verhindern können.

Was gefällt dir an dir selbst?
Dass ich über mich lachen kann. Alles andere steht in diesem Büchlein.

Wie gehst du mit Niederlagen um?
Konstruktiv. Sie haben mich nie deprimiert, sondern meine Kreativität gesteigert. Steine, die man mir in den Weg gelegt hat, habe ich als Bausteine zum Erfolg genutzt.

Was hältst du vom Beten?
Es gibt Verzweifelten Hoffnung und Kraft, Zufriedenen die Möglichkeit, dem Schöpfer für das Geschenk des Wohlgefühls zu danken, und dem Einsamen leistet es Gesellschaft. Ich habe auch so manches Mal im Gebet Zuflucht gesucht.

Was ist für dich Hoffnung?
Das sage ich mit Paulo Coelho: »Hoffnung ist ein Wort, das häufig am Morgen bei uns ist, im Laufe des Tages verletzt wird und am Abend erstirbt, jedoch mit der Morgenröte wieder aufersteht.« Es ist, was einen Menschen am Leben erhält, und die Grundlage für Veränderungen.

Welches war deine erste Mutprobe?
Das war unbewusst: Mit vier Jahren von zu Hause auszubüxen, um Bielefeld zu erkunden. Der Ausflug endete zwar mit einem Flop. Am zweiten Tag fand mich die Polizei. Aber ich lernte auf diese Weise sehr früh, dass man Reisen ganz anders planen muss.

Was würdest du, wenn du Kanzler wärest, als Erstes gegen den Willen der Mehrheit durchsetzen?
Ich würde meine Politikerkollegen und mich haftbar machen für nicht eingehaltene Versprechen und sie im Wiederholungsfalle mit Berufsverbot belegen. Auch wenn die Republik dann gänzlich ohne Politiker klarkommen muss. Oder bleiben einige übrig?

Beispiele für Berufsverbot wegen vorsätzlicher Wählertäuschung: *Reichtum für alle, bedingungsloses Grundgehalt für alle, Arbeit für alle* (Slogans vor der Bundestagswahl 2009).

Außerdem würde ich mir den Spaß gönnen, den König Abdullah von Jordanien in jüngeren Amtsjahren pflegte. Er mischte sich inkognito unter das Volk, um Missstände aufzudecken. Dann erführe ich als Politiker bereits rechtzeitig vor der Wahl, was ich zu erwarten habe, wenn ich Volkesnöte nicht beachte, und könnte mir die Peinlichkeit ersparen, erst Tage vor jeder Wahl meine »Glaubwürdigkeit« mit dem Verteilen von Luftballons unter Beweis zu stellen. Dieser krampfhafte »Politiker zum Anfassen«-Ritus verblüfft mich immer wieder.

Warum stellst du dich solchen riskanten Herausforderungen, wenn doch Ruhm vergänglich ist?
Was nach meinem Tod von mir in Erinnerung bleibt, ist letztlich egal. Von Vergänglichem profitiere ich nicht mehr. Aber so lange ich lebe, ist jede riskante Herausforderung auch eine Suche nach dem Sinn des Lebens und ist Leistung etwas, das dem Leben eine neue Dimension und Erfüllung gibt. Nach Ruhm habe ich noch nie gestrebt. Das wäre keine Motivation für mich.

Welche Hoffnung hast du längst aufgegeben?
Dass die Menschheit aus Vernunftgründen die Weltprobleme meistert, obwohl sicher ist, dass sonst unkontrollierbare Katastrophen ihr die Entscheidungen abnehmen werden.

Möchtest du lieber woanders leben?
Nur jeweils wenige Monate. Meine Heimat ist Deutschland.

Möchtest du dich noch bei jemandem bedanken?
Ja, bei fünf Personen. Bei **Rudi Gutzki** und **Ilse Kaun,** die die wichtigsten Stützen meiner Konditorei waren. Ohne deren Fleiß, Treue und Loyalität hätte ich meine Reisen nicht so sorgenfrei durchführen können.

Bei **Horst Schüler** vom *Hamburger Abendblatt*, der immer an mich geglaubt und mich Schreiben gelehrt hat.

Bei **Karlheinz Kern** von der Kripo Hamburg, der mir das Buch *Alone on the Blue Nile* geliehen hat. Es hat meinen Reisen und gesamtem Leben die entscheidende Wende gegeben. Weg von den Straßen, hin zum Abseits der Erde.

Bei **Bettina Feldweg**, meiner Lektorin im Piper Verlag, die mich die vielen Jahrzehnte geduldig und beratend begleitet und somit geformt hat. (Bettina: heißt das *ge*formt oder *ver*formt?)

Hoffst du auf ein Leben nach dem Tod?
Hoffen ja, aber überzeugt sein – nein. Deshalb habe ich mich schon früh für das Leben *vor* dem Tod entschieden. Das ist sicherer.

Was schätzt du an Frauen?
Dass sie die perfekte Ergänzung zum Mann sind.

Was zieht dich an Frauen an?
Zunächst das Gesamtwerk. Dann viele Einzelattraktionen. Zum Beispiel eine elastische Erscheinung, ein apartes Äußeres, anmutig geschnittenes Gesicht, makellose Zähne, gepflegte schlanke Hände, natürliche Fingernägel, langes Haar (Glatze habe ich selbst) und selbstbewusstes Auftreten, verstärkt durch eine wohlklingende Stimme.

Bei näherem Kennenlernen taste ich mich an die »inneren« Werte. Ist sie zuverlässig? Welche Allgemeinbildung und Interessen hat sie? Ist sie vielseitig, kritisch, zivilcouragiert? Wie sieht ihr Bekanntenkreis aus? Welche Pläne hat sie für ihr eigenes Leben?

Wie würdest du dich in einer Kontaktbörse bewerben?
Mein Gott, Ideen haben die Leute! Aber wenn schon, dann so: Senior der Ü-70-Generation sucht Kampfpartnerin für einen rasanten Lebensausklang zu zweit. Als Kompensation für seine vom Schöpfer eher vernachlässigte Attraktivität bietet er die Abwesenheit jeglicher Langeweile, eine zutiefst erfüllende Lebensgestaltung, ausreichenden Ideenreichtum für den Überlebenden der Partnerschaft bis hin ins Ü-90-Alter.

Was erträgst du nur mit Humor?
Meine eigenen Grenzen und durchschaubare unrealistische Argumente von Politikern.

Wovor hast du Angst?
Vorm Tod unter Folter und Schmerz.

Was hast du von anderen Kulturen gelernt?
Dass jede Kultur für das globale Gleichgewicht von Wert ist. Dass man von jeder Kultur etwas lernen kann, dass die eigene Kultur nie Alleingültigkeit haben darf. Ohne die Verschieden-

artigkeit der Lebensformate gäbe es kaum einen Grund zum Reisen, und die Weltkultur wäre ein langweiliger Einheitsbrei. Ich zitiere Andreas Altmann aus seinem Buch *Sucht nach Leben*: »Erst wenn ich – die europäische oder türkische Dunkelbirne (Anmerkung Rüdiger: ›Dumpfbacke‹) – sinnlich, also mit allen Sinnen begreife, dass der andere Mensch mir so ähnlich ist, ein armes Schwein ist, getrieben von Ängsten und dem Hunger nach Leben, erst wenn ich den furchterregenden Gedanken zulasse, dass ich um kein Haarbreit der bessere Mensch (Anmerkung Rüdiger: ›Hellbirne‹) bin, erst dann entsteht etwas wie Versöhnung und die Begabung, den anderen zu ›sehen‹, ihn wahrzunehmen.«

Bei den Yanomami hat mich der fehlende Drang nach grenzenloser Vermehrung beeindruckt. Auch die Kunst, in der scheinbar erdrückenden Natur, im Regenwald, zu überleben, allein mit den Mitteln dieser Natur. Oder der fehlende Drang nach Luxus und Fortschritt und immer noch mehr Fortschritt. Die Nichtexistenz von Müll und Arbeitslosigkeit. Und dass Erwachsene nur vier Stunden täglich arbeiten müssen, um ihr Leben zu fristen.

Beim Islam und den Arabern hat mich die unendliche Gastfreundschaft stark beeindruckt und geprägt.

Bei den Buschleuten und Beduinen war es die Anspruchslosigkeit ihrer landschaftsbedingten Lebensweise, die mir allerhöchsten Respekt abgenötigt hat.

Wofür bist du dankbar in deinem Leben?
In genau dieser Epoche der Menschheit in einem demokratischen und wohlhabenden Land geboren zu sein, wie es noch keinem unserer Vorfahren vergönnt war.

Welche natürliche Fähigkeit hättest du gern?
Menschen zu durchschauen, ihre Gedanken lesen zu können.

Was ist dir im Leben am Besten gelungen?
Meinem Leben höchste Erfüllung zu geben durch die Erfolge in Sachen Yanomami-Indianer und gegen Weibliche Genitalverstümmelung.

Was würdest du für Geld nicht tun?
Etwas, das gegen meine innerste Überzeugung ist.

An welche abergläubische Regel hältst du dich?
An keine. Aberglauben ist etwas für Leute, die kein Selbstvertrauen besitzen.

Unverständlich etwa, dass die Lufthansa keine Reihe 13 in den Maschinen auszeichnet. (Weil offenbar die 13. Reihen immer abstürzen?)

Was hältst du von Entwicklungshilfe?
Leider sehr oft verantwortungslos vergeudetes Steuergeld. Es fehlt an Kontrollmechanismen, eigener Präsenz vor Ort und dem Mut, im Falle von Selbstbereicherung, Korruption und Misswirtschaft weitere zugesagte Gelder nicht mehr auszuzahlen.

In unserem Arbeitsgebiet (Danakilwüste Äthiopien) werden beispielsweise 40 (!) Krankenstationen gebaut. Weder sind dort Strom- noch Wasserversorgung geplant. Vor allem gibt es trotz Baubeginn bisher für keine Station Pläne zu deren personeller Besetzung! Sie werden einfach in die Wüste gebaut.

Warum mischst du dich in fremde Kulturen ein? Es gibt doch in Deutschland genug vor der eigenen Haustür zu tun.
Um die Probleme vor der eigenen Haustür kümmern sich bereits genügend Menschen. Bestimmt gehören Sie als Fragender auch dazu.

Es gibt Gräuel, die die Betroffenen niemals selbst lösen können. Beispiele bieten sämtliche Diktaturen. Auch in Deutschland bedurfte es des Einsatzes der alliierten Truppen, um die ganze Welt vom Joch der Nazis zu befreien. Das hat Millionen von Menschen das Leben gekostet. Uns hat es letztlich die Demokratie beschert.

Das Drama um die Verstümmelung der weiblichen Genitalien fällt genau in diese Kategorie von Verbrechen. Sie sind nur mithilfe eines weltweiten Aufschrei zu beenden. Sonst bestünde der Brauch nicht bereits seit 5000 Jahren.

Was tust du, wenn der Kampf gegen FGM beendet ist?
Dann werde ich eine neue Stadt gründen. Al Medina Al-Ihtiraam, die Stadt der Hochachtung (Hochachtung vor den Islam-Führern, die die Größe aufgebracht haben, eine lebenslang vertretene Meinung zu ändern und den Brauch der Weiblichen Genitalverstümmelung mit einer Fatwa zu ächten). Gebaut aus den leeren Containern, in denen unsere Goldenen Bücher in die Länder gelangt sind. Mehr Projekte als Restlebenszeit.

Was hast du empfunden, als die Fatwa von Kairo verkündet wurde?
Fassungslosigkeit, Dankbarkeit und Demut wie noch nie zuvor in meinem Leben. Demut vor allem vor der menschlichen Größe dieser Männer, eine lebenslang vertretene Meinung zu revidieren und sich offen dazu zu bekennen.

Was hättest du in diesem Moment am liebsten getan?
Ich hätte sie am liebsten gebeten, sich regelmäßig zu treffen und sich zu einer festen und höchsten Institution zusammenzuschließen, um gemeinsam die Probleme des Islam zu lösen. Heute bedaure ich, nicht gleich aufgestanden zu sein, um das vorzutragen.

Du stehst einer Weltregierung vor. Was würdest du sofort abschaffen?
Atomwaffen.

Was hast du bedauerlicherweise nicht erreicht?
Der Menschheit Insekten als Lebensmittel schmackhaft zu machen.

Mit welchen drei Begriffen charakterisierst du Deutschland?
Forschung, Kreativität, Fleiß.

Was bereitet dir Zukunftsangst?
Die Erbarmungslosigkeit der Menschheit

Wann hast du zuletzt geweint?
Als ich Augenzeuge eines infolge Genitalverstümmelung sterbenden kleinen Mädchens wurde. Aber grundsätzlich schäme ich mich nicht meiner Tränen.

Was traust du der Menschheit nicht mehr zu?
Dass Vernunft und Verantwortungsgefühl über die Habgier siegen und sie die anstehenden Probleme der Erde meistert, bevor Naturkatastrophen sie zum Umdenken zwingen.

Welche Kritik hast du beherzigt?
Bei meinen Seefahrten keine Katze mitzunehmen. Zwar dachte ich ursprünglich, nie ein Futterproblem zu haben, weil es Fisch im Überfluss geben würde. Ich musste mich jedoch belehren lassen, dass Katzen Wasser nicht mögen und die Reise eine Qual für sie wäre. Stattdessen habe ich mich mit einer Stoffkatze begnügt.

Wie machst du anderen einen Wurm schmackhaft?
Ich würde den Regenwurm in Wasser legen, ihm nach wenigen Minuten den Mageninhalt heraus massieren, ihn kochen und würzen wie ein Muschel. So wie sich die Muschel durch Zubereitung in eine Delikatesse verwandelt, wird auch aus dem Wurm ein leckeres Stück Fingerfood. Tipp für Fortgeschrittene Survivors: den Wurm mit Kompost-Mageninhalt essen. Schmeckt wie Fleisch mit Gemüsebeilage.

Was empfindest du als Verrat?
Billigend in Kauf genommenen Vertragsbruch

Welchen wunden Punkt hast du?
Verrate ich nicht. Sonst wird der ausgenutzt.

Welche Zeitgenossen würdest du für Verdienste um die Menschheit auszeichnen?
Michael Gorbatschow, Nelson Mandela, Barack Obama (als Vorschusslorbeeren für die Durchsetzung seiner Vorsätze)

Was bringt dich aus der Fassung?
Wenn Leute Fakten in Abrede stellen. Dann raste ich aus. Da wird es dringend erforderlich, dass besonnenere Menschen mir zur Seite springen. Hier ein Paradebeispiel aus den Tagen unserer Konferenz (2006) in der Azhar-Universität zu Kairo:

Gerade hatten die höchsten Geistlichen des Islam einstimmig erklärt, dass die Weibliche Genitalverstümmelung nirgends in den Heiligen Schriften gefordert wird. Gerade hatten mehrere renommierte Ärzte mit Worten und Bildern unzweifelhaft klargemacht, dass jede Form dieses Brauchs der Frau Schaden zufügt (anders als bei der Männerbeschneidung). Und gerade hatte Annette ihren Fünf-Minuten-Film über eine zwanzigminütige Pharaonische Verstümmelung, die härteste Form der Weiblichen Genitalverstümmelung, gezeigt. Dann zogen sich die Geistlichen zur Beratung zurück.

Und genau da sprang ein älterer Gelehrter aus dem Publikum auf und begann lautstark zu zetern. Zum Glück hatte er kein Stimmrecht. Aber er hatte eine Krücke, und damit fuchtelte er wild in der Luft herum. Der einzige wirkliche Missklang in der großen Konferenz. Ich spürte augenblicklich, dass sein Pamphlet gegen uns, gegen mich gerichtet war, denn Blick und Krücke wiesen die Richtung. Heba, meine Dolmetscherin, konnte gar nicht so schnell übersetzen, wie der Mann pöbelte. Fast ging ihr das Vokabular aus. »Der Film ist eine Verunglimpfung des Islam! Diesen Brauch gibt es gar nicht. Der Film wurde mit Schauspielern gedreht. Die Gelder stammen aus den USA und Israel.«

Wer mich so frontal angreift, muss mit doppeltem Gegenbeschuss rechnen. Mit einem Sprung war ich bei ihm. »Was wagst du zu sagen? Du maßt dir an, die Reden sämtlicher Gelehrter als Lügen zu bezeichnen? Deine höchsten Vorgesetzten und die Mediziner haben gelogen, und du sagst die Wahrheit? Das wagst du zu sagen, obwohl du weißt, dass wir alle recht haben? Obwohl du weißt, dass deine eigene Frau beschnitten ist? Und obwohl du deine eigenen Töchter und Enkelinnen hast beschneiden lassen? Und weil du zu feige bist, das zuzugeben, sollen auch Millionen und Abermillionen weiterer Mädchen in Zukunft verstümmelt werden?«

An der Stelle beherrschte ich mich. Wenn auch nur eine Sekunde lang. Genug Zeit, um dann zum K.o.-Schlag auszuholen: »Du bist eine Schande für den Islam.«

Inzwischen hatten sich viele Neugierige um uns geschart. Sie sprangen mir schließlich zur Seite und versuchten, den Mann in die Wirklichkeit zurückzuholen. Das dauerte noch geschlagene zwei Stunden.

In solchen Situationen ruhig Blut zu bewahren überlasse ich Leuten, die lieber um den heißen Brei herumreden.

Welches ist für dich die größte Erfindung der Menschheit?
Für mich sind es die Schrift und das Dezimalsystem.

Was war das Zynischste, das du je erfahren hast?
Da gibt es zwei Ereignisse zu berichten.

Nach einem Vortrag kommt eine Zuschauerin zu mir an den Buchstand. »Habe ich das vorhin richtig verstanden, dass ein Drittel der Mädchen an der Pharaonischen Verstümmelung stirbt?«

»Ja, das ist eine UNO-Erhebung.«

»Das heißt aber doch dann, dass diese Mädchen überleben, wenn es gelingt, den Brauch zu beenden?«

»Ja.«

»Oh, mein Gott! Das sind ja jetzt schon zu viele in Afrika.«

Es blieb mir erspart, auszurasten. Die Kunden an meinem Büchertisch pfiffen die Frau aus dem Saal.

Aber es blieb Waris Dirie vorbehalten, den Zynismus zu überbieten. Ursprünglich war sie mein Idol. Immerhin hatte mich ihr Buch *Wüstenblume* zu meinem derzeitigen Engagement animiert. Nach unserem Erfolg in der Al-Azhar gratulierte sie sogar persönlich anlässlich eines PR-Besuchs in Hamburg.

Ich hegte die naive Hoffnung, dass sie als UN-Sonderbotschafterin mir einen Auftritt vor der Afrikanischen Union ermöglichen könnte. Ich wollte Annettes Film über einen Fall der Pharaonischen Verstümmelung vorführen und die Staatschefs bewegen, die meist vorhandenen Gesetze gegen diesen Brauch unnachgiebig anzuwenden.

»Kein Problem«, meinte die Wüstenblume. »Ich bin ja so glücklich, dass sich endlich ein Mann einmischt und gegen das Verbrechen einsetzt. Und dann auch noch mit dem Islam als Verbündetem! Gib mir den Film mit. Man wird ihn vorher sehen wollen.« Ich hatte keine Bedenken und gab ihr den Film. Das war ein Fehler.

Anderthalb Jahre kein Lebenszeichen von Waris. Bei Nachfrage hieß es: »Noch ist es Waris nicht gelungen.«

Aber dann kam doch noch ein Lebenszeichen. Und zwar auf ihrer Homepage. *Unser* Film! Gekürzt um alles, was mit TARGET zusammenhing, angereichert mit Schrifttafeln wie »Dieser Film beweist, warum Waris Dirie gegen die Genitalverstümmelung kämpft ... nicht für Jugendliche geeignet (dabei war der Film komplikationslos runterzuladen) ... er wurde mit Geldern der UNO in Somalia und New York gedreht ...«

Kaum war das Opfer im Film durch den Brauch geschändet, zerstört an Körper und Seele, beraubt seiner Würde – da tanzt Waris halb nackt durchs Bild und wirbt für ihre Parfums, Bücher und Fotos. Wir mussten uns übergeben.

Das zur Galionsfigur aus Somalia und zur Frage des Zynismus.

Das Hamburger Landgericht verurteilte sie dafür zu einer Geldzahlung an TARGET. Klar, dass sie uns seitdem nicht mehr kennt.

Welche Lehren aus der Natur und fernen Ländern kannst du im täglichen Leben anwenden?
Die Natur hat mich gelehrt, dass alles im Universum seine Daseinsberechtigung hat. Dass jede Zerstörung ein Eingriff in das gewachsene Gleichgewicht ist und Veränderungen auslöst, meist Schäden.

Erst die Vielfalt an Lebewesen und Kulturen macht das Leben komplex, ausgewogen, abwechslungsreich, spannend und erlebenswert.

Von den Völkern habe ich Demut gelernt, wenn sie sich bescheiden mit Hitze, Trockenheit, Hunger, Durst, Naturkatastrophen und Unterdrückung arrangierten – und wenn sie mich dennoch mit einer überwältigenden Gastfreundschaft ehrten.

Sie haben mich hohen Respekt vor ihren Kulturen gelehrt, wenn sie mich erkennen ließen, dass man auch ohne Ausbeutung des Planeten, ohne ständiges Wirtschaftwachstum und ohne Plünderung des Erbes unserer Nachfahren existieren kann. Doch letztlich: allein dass ich lebe und dieses Buch schreibe, schadet der Erde.

Wie haben sich deine Survivaltechniken geändert?
Sie haben sich vom international verbreiteten Basiswissen erweitert auf Steinzeitpraktiken, animalische Urfähigkeiten, medizinische Grundfertigkeiten und Jugendprogramme. Das Bücherverzeichnis am Ende des Buches verrät Details.

Wobei entspannst du?
Beim Schaukeln unterm Moskitonetz in der Hängematte im Regenwald und beim Pläneschmieden.

Welcher lebende Politiker flößt dir Vertrauen ein?
Horst Köhler, weil er sich von den Parteien nicht zur Marionette hat machen lassen, sondern klar seine eigenen Positionen vertritt.

Barack Obama, weil er der Welt Hoffnung gibt und eine gegensätzliche Politik vertritt als sein Vorgänger George W. Bush.

Karl-Theodor zu Guttenberg, weil mich seine Rede zum 20. Juli 2009 überwältigt hat wegen ihrer Weisheit, Klarheit und des Bekenntnisses zur Demokratie.

Wie würdest du deine Lebensphilosophie auf den Punkt bringen?
Niemand ist zu gering, Träume, Visionen, Utopien zu realisieren oder etwas zu verändern, das ihn stört. Denn alles von Menschen Gemachte ist zunächst immer im Kopf einer einzigen Person entstanden. Ungeachtet ihrer Bildung, Herkunft und gesellschaftlichen Position. Sei es der Traum vom Bau eines Hauses, die Gründung einer Stadt, einer Religion, einer Partei, sei es Krieg oder Frieden. Was sie benötigte, waren einzig die richtige Strategie, die richtigen Partner und Selbsteinschätzung, Geduld und Glück. Warum sollte das nicht auch dir gelingen? Dann fang heute an. Heute beginnt der Rest deines Lebens.

Du bist ein Tierfreund. Dennoch isst du Fleisch. Warum bist du nicht Veganer?
Der Mensch ist ein Allesesser. Ich auch. Ich esse Fleisch und Pflanzen, so wie diese Lebewesen auch mich nach meinem Ableben verzehren werden. Einige Tiere piesacken mich ja bereits jetzt bei lebendigem Leibe. Besonders im Urwald habe ich die Gnadenlosigkeit des Fressens und Gefressenwerdens gespürt.

Zwar rangieren für mich die Tiere *über* den Pflanzen, aber für mich haben auch Pflanzen eine Seele. Das wird mir immer wieder klar, wenn ich sehe, wie sie sich ihren Weg zum Licht suchen, wie sie verkümmern bei falschem Standort oder unrichtiger Pflege, wie Wurzeln ihren Weg durch Gestein suchen und Felsen zum Bersten bringen. Esse ich weniger Fleisch, muss ich mehr Pflanzen verzehren.

Konfrontiert mit dieser Frage, gerate ich überraschend in Entscheidungsnot. Das Beste wird sein, wenn ich einfach verhungere.

Hattest du nie Misserfolge?
Jede Menge. Um den Blauen Nil zu befahren, benötigte ich zwei Anläufe. Der erste war ein Misserfolg. Dass ich bei den Yanomami-Indianern 18 Jahre aktiv bleiben musste, beweist, dass ich 17 Jahre lang etwas falsch gemacht habe. Desgleichen mit der Frauenverstümmelung. Das sollte längst abgehakt sein. Nun bin ich bereits im zehnten Jahr damit befasst.

Du reist immer nur in kleinsten Gruppen oder allein. Warum?
Es ging bei meinen Reisen nie um touristische Veranstaltungen, sondern meist um riskante Unternehmungen. Je kleiner das Team, desto geringer die Chance, dass jemand ausfällt. Sei es durch Unfall, Schwäche oder Streit. Vor allem wollte ich das besuchte Land kennenlernen. Paulo Coelho hat das einmal treffend formuliert: »Wenn du in einer Gruppe reist, simulierst du nur eine Reise in ein anderes Land, bei der du weiter deine Muttersprache sprichst, den Weisungen des ›Leithammels‹ folgst und dich mehr um den Klatsch und Tratsch in der Gruppe als um den Ort kümmerst, den du besuchst.«

Und an anderer Stelle in seinem Buch *So wie ein Fluss, der still die Nacht durchströmt*, spricht mir der Brasilianer aus dem Herzen: dass man sich abgewöhnen sollte zu vergleichen. »Weder die Preise noch die Sauberkeit, noch die Lebensqualität, noch sonst etwas, nichts! Denn es geht nicht darum, dir zu beweisen, dass du besser lebst als die anderen, sondern darum, dass du herausfinden sollst, wie sie ihr Leben meistern, und was du von den anderen Kulturen lernen kannst.«

Bleiben die meisten Menschen unterhalb ihrer Möglichkeiten?
Ja, auf jeden Fall. Manche bemerken ihre ungeahnten Kräfte erst dann, wenn sie unerwartet Schicksalsschläge erleiden und sie bewältigen. Zum Beispiel bei Naturkatastrophen und in Kriegszeiten.

Welche alltäglichen Kleinigkeiten können dich ärgern?
Die lieblos aufgetauten, halb gebackenen, zähen Brötchen in den allermeisten Hotels. Ein Brötchen muss knacken und nicht quietschen. Sonst beleidigen sie das Mehl, meine Zähne und das Bäckerhandwerk.

Glaubst du an eine Seele?
Unbedingt. Sie ist für mich das Ur-Persönlichste eines Lebewesens, seine Prägung, unverwechselbar und geheimnisvoll. Sie ist das Letzte, das den Körper bei seinem Tod verlässt. Wie ein standesbewusster Kapitän sein Schiff. Auch Tiere und Pflanzen haben für mich eine Seele.

Wie unterhältst du dich mit Menschen, deren Sprachen du nicht sprichst?
Mit Gesten, den Augen und einem Lächeln. Sehr oft mit einfachen Melodien auf einer kleinen Mundharmonika. Ferner mit meiner Wörterliste (zwanzig bis hundert wichtigste Vokabeln) und schließlich per Dolmetscher, wenn es um Feinheiten geht.

Wie stehst du zum Phänomen Tod?
Ich nehme ihn als schöpfungsgegeben hin. Er ist seit Anbeginn mein enger Weggefährte. Interessant und neu ist die Erfahrung, dass ich ihn, je näher er mir rechnerisch zu Leibe rückt, umso gelassener akzeptiere. Er ist gerecht, denn er trifft alle Lebewesen, und er ist unabänderlich. Zu gern wüsste ich verbindlich, was danach geschieht.

Wenn ich dieses Manuskript beim Piper Verlag abgeliefert habe, gehe ich als Allererstes ins Hamburger Planetarium, um mir das Weltall anzuschauen. Vielleicht entdecke ich den »Himmel«, jenseits aller grauen Wolken.

Wo möchtest du beerdigt werden?
Am liebsten möchte ich in der Natur sterben und den üblichen Verwesungsprozess durchmachen. Das heißt: keine Beerdigung.

Wenn mir das nicht vergönnt sein sollte, möchte ich verbrannt werden, und meine Asche soll dem Wind anvertraut werden.

Wer soll die Grabrede halten?
Niemand. Auf gar keinen Fall ein Geistlicher! Wenn sich's **gar nicht** vermeiden lässt, nur Annette und mein Freund Klaus Denart.

Welchen Satz erhoffst du in der Grabrede, wenn es sie dann doch gibt?
»Scheiße, wer erzählt uns denn jetzt die spannenden Geschichten? Müssen wir jetzt etwa in die Glotze gucken oder seine Bücher lesen?«

Welchen finalen Wunsch hast du?
Ich habe zwei finale Wünsche.
1. Dass die Förderer der großen TARGET-Familie Annette und unseren Zielen die Treue halten. Sie macht es inzwischen allein keinen Deut schlechter als mit mir zusammen. Eher sogar besser, denn in vielem habe ich mich von ihr besser beraten gefühlt als von mir selbst. Sie hat mir Rohling den Feinschliff verpasst.
2. Dass die Islam-Führer, die unserer Konferenz in der Al-Azhar beigewohnt haben, sich zusammenschließen zur gemeinsamen Führung des Islam, die mit *einer* Zunge Klartext redet, wenn er nötig ist. Also ständig.

Nenne ein paar kluge Köpfe oder/und Gremien, die Hoffnung für die Zukunft repräsentieren!
Da wüsste ich mehrere. Ich will sie alphabetisch nennen:

B. A. U. M. e.V., Bundesdeutscher Arbeitskreis für Umweltbewusstes Management ist eine überparteiliche Umweltinitiative der Wirtschaft. Er beweist, dass Nachhaltigkeit und Wirtschaftlichkeit keine Gegensätze sind.

Prof. Dr. Michael Braungart (Umweltinstitut EPEA), Urheber der Recycling-Strategie »Von Wiege zu Wiege«, die »Immerwiederverwendbarkeit« aller Rohstoffe.

Daniel Golemann (Harvard-Psychologe), Autor mehrerer Bücher über emotionale, soziale und ökologische Intelligenz und die Möglichkeiten, unsere Lebensweise und die gesamte Wirtschaft umweltgerecht auszurichten, um die Existenzgrundlagen der Menschheit langfristig zu sichern.

Greenpeace, WWF und Ärzte ohne Grenzen. Sie bedürfen keiner Erklärung eines Geringen wie mir. Sie sprechen für sich selbst.

Inzwischen habe ich genug philosophiert und möchte meine rückblickenden Betrachtungen beschließen. Und zwar mit zwei Gebeten. Das eine ist ein Dankgebet an meinen Schöpfer und das andere ist für »Fatuma«, stellvertretend für alle genital geschändeten Mädchen.

An den Schöpfer des Universums!

Ich weiß nicht, wie ich DICH ansprechen soll. DICH, der DU dieses Universum geschaffen hast in seinem Gesamtgefüge von Licht und Schatten, magnetischen Kräften und universellen Abhängigkeiten. Vom Atom über das Virus, von den Menschen bis hin zum letzten der unsichtbaren Gestirne. Für mich die komplette Unvorstellbarkeit. Was der Mensch in diesem Gefüge soll, ist mir leider ein großes Rätsel geblieben. Aber es muss alles einen Sinn haben. Sonst hättest DU DIR nicht den Urknall ersonnen und nicht mich Kleinknall ungefragt in diese Welt gesetzt.

DU hast das Gute und Böse geschaffen, das in ständigem Wettstreit miteinander liegt. Diese ganze Vielfalt und Großartigkeit des Weltgefüges ergibt einen Sinn. Alles hängt voneinander ab. Dass DU uns Menschen jedoch die Kraft gegeben hast, dieses DEIN Werk zu verändern und sogar zu zerstören, kann ich mir nur mit DEINER Toleranz erklären. Ich ließe mir mein Werk nicht zerstören.

Wir haben die Erde nicht verdient. Wir maßen uns an, ein Mosaik nach dem anderen und nach Gutdünken, aus purem Egoismus, Gleichgültigkeit und Verantwortungslosigkeit zerstören zu dürfen, und hinterlassen unseren Nachkommen eine immer weniger erlebenswerte Welt. Sie kommt mir vor wie ein ursprünglich gemütlich eingerichtetes Wohnzimmer, in dem Messies bis zur völligen Verwahrlosung und Unbewohnbarkeit gehaust haben. Ich werte diese Willkür als Schändung DEINER Arbeit. Doch weil DU es zulässt, ist auch diese Zerstörung ein Teil der von DIR geschaffenen Evolution. Fressen und Gefressenwerden, bis nur noch die Monokultur Mensch übrig bleibt. Es steht mir nicht zu, das zu begreifen. Und ich misstraue allen, die behaupten, genau das zu verstehen, und die für alles eine Erklärung haben. Egal, wie haarsträubend sie ist. Eine Zukunft auf leer geräubertem Planeten wäre für mich nicht erstrebenswert. Auf unsere Nachfahren kommt noch eine gigantische Arbeit zu. Zumal sie immer mehr werden und der Raubbau automatisch auch. Dazu kommt, dass in dieser überbordenden Menschheit der Einzelne bald sogar älter als hundert Jahre wird. Ist das eine erstrebenswerte Zukunft, oder ist es eine Strafe?

DU hast mich auch die Schattenseiten des Daseins erleben lassen. Beispielsweise den Nazi-Terror und andere menschenverachtende Staats- und Religionssysteme auf allen Kontinenten. DU hast mich die Kunst des Vergleichens gelehrt und mich vor der Verallgemeinerung bewahrt, sämtliche Muslime mit den islamistischen Terroristen gleichzusetzen. Auch Christen möchten nicht reduziert werden auf ihre Hexenverbrennungen, Inquisition, Kreuzzüge und Indianerausrottung, sondern wollen, dass auch Nächstenliebe und Diakonie gesehen werden. DU hast mich im Islam Gastfreundschaft, Freunde, Geschwister und ein unfassbares Vertrauen finden lassen.

Wenn es so ist, wie die Religionsrepräsentanten uns lehren, dass wir vor DIR Rechenschaft ablegen müssen, dann hoffe ich auf eine gute Bilanz. Durch die besondere Gnade, im »Paradies« Europa gelebt haben zu dürfen, war es mir stets eine beinahe heilige Verpflichtung, anderen zu helfen, die dieses Glück nicht hatten, und die sich nicht selbst zu helfen vermochten. Dabei habe ich mein Wirken nie im Hinblick auf das sogenannte Jüngste Gericht gestaltet, sondern weil ich es gut, mitmenschlich und mit den mir von DIR anvertrauten Kräften machbar fand.

Ich danke DIR dafür, dass DU mich nie zur falschen Zeit am falschen Ort hast weilen lassen. DU hast mir viel Glück in die Wiege gelegt und einen leistungsstarken Schutzengel zur Seite gestellt.

Seit meiner Geburt hast DU mir auch immer wieder meine eigene Vergänglichkeit bewusst gemacht. Freunde starben vor mir, einzelne Körperteile ebenfalls. Nach und nach haben sie sich von mir verabschiedet. Du recycelst mich Stück für Stück. Es ist nur noch eine Frage der Zeit, bis ich nichts mehr hören kann. Auch nicht mit den Hörgeräten. Es ist abzusehen, wann meine restliche Körpersubstanz nicht mehr die erforderliche Kraft hat, meine verbleibenden Projekte zum Abschluss zu bringen. Vielleicht denkst DU auch, nun ist's genug, weil DU weißt, dass ich von immer neuen Vorhaben beseelt sein werde und sonst nie einen Abschluss fände. Aber irgendwann muss jeder Platz machen für den Nachwuchs.

Wenn es DIR nach allem Wohlwollen, das DU mir hast zuteil werden lassen, nicht zu vermessen erscheint, möchte ich einen letzten Wunsch aussprechen mit der Bitte um Erfüllung. Es ist das folgende Gebet für Fatuma:

Gebet für Fatuma

DU weißt, was wir Spezies Mensch uns alles ausgedacht haben, um Frauen zu unterdrücken. Die perfideste Form, sie ihrer Würde, Seele und Vitalität zu berauben, ist die Weibliche Genitalverstümmelung. DU hast mich dieses Verbrechen mit eigenen Augen sehen lassen.

Ich hatte das Glück, diesem unsäglichen Leid nicht ausgesetzt gewesen zu sein, weil ich als Mann und in einem Land geboren wurde, in dem der Brauch nicht praktiziert wird. Aber DU hast mir die Sinne geschärft, das Unrecht wahrzunehmen, und DU hast mir einen Weg gewiesen, dem Spuk ein Ende zu bereiten. DU hast mich in jungen Jahren in die islamische Welt eintauchen lassen, hast mich teilhaben lassen an der hohen Ethik ihrer Gastfreundschaft. DU hast mich gelehrt, dass nicht nur die eigenen Lebensformen Geltung haben dürfen. DU hast mich davor bewahrt, mich vom Strom der Verallgemeinerungen fortreißen zu lassen und stattdessen eine individuelle Meinung zu entwickeln, zu vertreten und durchzusetzen, auch wenn sie gegen den gesellschaftlichen Strom und Zeitgeist gerichtet war.

Durch diese Fügung war es möglich, einen Weg zu finden, dem Brauch ein Ende zu bereiten. DU hast mir Annette über den Weg geschickt und uns in die Lage versetzt, die allerhöchsten islamischen Geistlichen der Welt zu einem Sinneswandel zu veranlassen. Sie haben den Brauch zur Sünde erklärt, zu einem Verbrechen wider höchste Werte des Islam. Das wird nicht nur den Frauen helfen, sondern auch den Männern. Sie werden mit gesunden Ehefrauen die Vollendung aller beglückenden Gefühle erfahren und der Welt einen positiven Islam zeigen, einen anderen als den, den Terroristen ihr präsentieren. Es könnte ein Zusammenwachsen der Kulturen bewirken.

Diese historische Entscheidung zu verbreiten, erfordert leider mehr Zeit, als mir noch bleibt. Darum brauche ich DEINE Hilfe. Gib den Verantwortlichen und der Bevölkerung der betroffenen Länder die menschliche Größe und den Mut, die seit 5000 Jahren vertretene Meinung zu revidieren, wie es die Männer unserer Konferenz getan haben. Lass sie endlich begreifen, was ihnen mit der Zerstörung DEINER Schöpfung Frau entgeht.

Ich bete für die Millionen von Fatumas, die das Verbrechen immer noch ertragen müssen, die ihrer Körperkraft, Lebensfreude, Seele und Würde beraubt werden. Lass sie dieses lebenslange Leiden nicht mehr erdulden müssen. Es währt schon 5000 Jahre zu lang, zu schlimm, zu unmenschlich, ein Krieg der Gesellschaft gegen die Frauen, der größte und subtilste in der Geschichte der Menschheit. Lass alle ihre Mütter, Väter, Verwandten und die Repräsentanten des Islam den Mut und die Entschlossenheit aufbringen, dem Brauch eine entschiedene Absage zu erteilen und ihn zu Teufelswerk zu verdammen. Mach ihnen klar, welch erbärmliches Armutszeugnis sie sich ausstellen, wenn sie ihren Töchtern Treue nur dann zutrauen, wenn sie sie verstümmeln und verschließen.

Es ist mein Wunsch an DICH, dass die in Zukunft geborenen Töchter der Opfer die Schändung nur noch aus den Erzählungen der Eltern kennenlernen und nicht mehr am eigenen Leib erfahren müssen. Mach den Verantwortlichen bewusst, dass sie damit auch ungeahnte brachliegende Kräfte im ureigensten Interesse mobilisieren können. Nur gesunde Frauen können die erforderliche Kraft aufbringen, eine Ehe und Familie glücklich zu gestalten.

Ich bin sicher, dass der Spuk augenblicklich vorbei ist, wenn DU mir hilfst, das Vermächtnis von Al-Azhar auf dem Heiligen Platz in Mekka zu plakatieren. Gemeinsam mit dem König von Saudi-Arabien, unübersehbar für jeden Pilger, der angereist ist, zu DIR, unser aller Gott, zu beten.

Wenn DU mir die dazu erforderliche Kraft vorzeitig entziehst, übertrag sie auf Annette. DU hast mich fühlen lassen, dass DEIN Wohlwollen für sie nicht minder groß ist.

Wenn es dann immer noch unbelehrbare Ignoranten wagen, Frauen zu schänden, dann – und das ist nun meine letzte Bitte an DICH – gib mir nach meinem Ableben die Position des Chefkochs in der Hölle, damit ich diese Kreaturen zu Döner verarbeiten kann.

Das schrieb DIR DEIN Produkt

Rüdiger Nehberg
aus Rausdorf an der Corbek in Schleswig-Holstein, bei Hamburg, in Europa, auf dem Planeten Erde

Endgültig beenden möchte ich den kleinen Rückblick mit einer Weisheit aus der Feder Friedrich von Schillers. Nicht nur, weil sie auch *meiner* Lebensphilosophie entspricht, sondern – und nicht zuletzt – um mich in letztmöglicher Sekunde in diesem Buch noch schnell als gebildeter darzustellen, als ich in Wirklichkeit bin:

»All unser Wissen ist ein Darlehn der Welt und der Vorwelt.
Der tätige Mensch trägt es an die Mitwelt und Nachwelt ab.
Der untätige stirbt mit einer unbezahlten Schuld.
Jeder, der etwas Gutes wirkt, hat für die Ewigkeit gearbeitet.«

Anhang

Lieferbare Bücher von Rüdiger Nehberg
(chronologisch)

Abenteuer am Blauen Nil/
Drei Mann, ein Boot, zum Rudolfsee
Doppelband, Piper 3251
Nehbergs Expeditionen an den Blauen Nil und die Fahrt auf dem reißenden Fluss Omo bis zum Lake Turkana (früher Rudolfsee). Michaels Ermordung, Flucht, Ergreifung der Täter.

Überleben in der Wüste Danakil
Piper Taschenbuch 1809
Nehbergs ereignisreichste Reise: vier Monate illegal zu Fuß und mit eigener Karawane durch das Kriegsgebiet Äthiopien-Eritrea in einer der heißesten Wüsten der Welt.

Survival-Abenteuer vor der Haustür
Piper 5412
Der Bestseller für Jugendliche bis 16 Jahren. Einstieg in die Kunst, zu überleben.

Die Yanomami-Indianer
Piper Taschenbuch 3922
Nehbergs Begegnungen mit den Yanomami und seine spektakulären Aktionen, mit denen er auf die Vernichtung der Indianer durch eine Armee von Goldsuchern aufmerksam machte.

(Auszüge aus insgesamt fünf Nehberg-Büchern zum Thema Yanomami)

Medizin Survival
Piper 2717
Überleben ohne Arzt. Wer es gelesen hat, wird unsterblich.

Survival-Lexikon
Piper 3055
Nehbergs Gesamtwissen, reduziert auf sachliche Information. Fast ohne Humor.

Mit dem Baum über den Atlantik
Piper Taschenbuch 3607
Drei Abenteuer:
*Mit einem Baumstamm von Mauretanien nach Brasilien. Eine Aktion zur Rettung der Yanomami-Indianer in Brasilien.
*Der 700-Kilometer-Survival-Wettmarsch durch Australien »gegen« einen Aborigine und einen Iron Man.
*Nehbergs »Gastspiel« in jordanischen Gefängnissen.

Überleben ums Verrecken
Piper Taschenbuch 4410
Der Bestseller, der die Survivalbranche in Europa begründete. Die ultimativen internationalen Überlebenstricks, die Rückbesinnung auf Urinstinkte. Nehberg: »Wer das Buch gelesen hat und dann noch stirbt, ist selber schuld.«

Echt verrückt!
Piper Taschenbuch 4324
30 aberwitzige, aber wahre Geschichten aus Rüdiger Nehbergs Leben. Humorvoll, selbstironisch und schonungslos ehrlich. Etwas zum gegenseitigen Vorlesen.

Abenteuer Urwald
Doppelband, Piper Taschenbuch 4596
Teil 1: Ausgesetzt vom Hubschrauber im Urwald, allein und ohne Hilfsmittel – Nehbergs einsamstes Abenteuer, seine Survival-Meisterprüfung.
Teil 2: Die Morde um den deutschen »Häuptling« Tatunca Nara. Eine wahre Kriminalgeschichte ohne Beispiel.

Die Autobiographie
Piper Taschenbuch 4880
Ehrlich und pointenreich erzählt Rüdiger Nehberg aus seinem ganz und gar einmaligen Leben.

Karawane der Hoffnung
Piper Taschenbuch 5209
Mit dem Islam gegen den Schmerz und das Schweigen.
Der große Bericht von Rüdiger Nehberg und Annette Weber über ihr Lebensprojekt, den Kampf gegen die Weibliche Genitalverstümmelung in enger Partnerschaft mit dem Islam. Geschichten wie in *Tausendundeine Nacht*. Sie berichten nicht nur über den historischen Erfolg, sondern zeigen auch einen ganz anderen Islam als den, den Terroristen der Welt vorführen.

Voll peinlich!
Piper Taschenbuch 5715
Weitere 30 kuriose Anekdoten aus Nehbergs verrücktem Leben. Entwaffnend ehrlich erzählt er witzige, gruselige und oft unglaubliche Geschichten aus seinem Leben. Etwas zum gegenseitigen Vorlesen.

Survival-Handbuch für die ganze Familie
arsEdition
Ein liebevoll gestaltetes Buch für Eltern mit Kindern bis zu elf Jahren, die sich Sport- und Entdeckergeist bewahrt haben. Gemeinsam vertraut werden mit den Gaben und Gefahren der Natur. Verblüffende Tricks, die Eltern und Kinder zusammenschweißen.
Spiralbindung, mit Signalpfeife

Sir Vival blickt zurück
Piper, Jubiläumsausgabe. Leinen
Anlässlich seines 75. Geburtstages lässt Rüdiger Nehberg seine Lesergemeinde teilhaben an vielen Einblicken in sein Leben und seine Seele. Was würde er beim nächsten Mal anders machen? Aufrichtig, selbstironisch, ermutigend.

Das Goldene Buch
ist unverkäuflich! Angestrebte Auflage: vier Millionen. Das Buch ist ausschließlich als Predigt- und Lehrgrundlage gedacht für Imame, Frauenorganisationen und Universitäten in den von Weiblicher Genitalverstümmelung betroffenen Länder.

DVDs mit TV-Filmen mit Rüdiger Nehberg (chronologisch)

»Die Sache« – Feldzug gegen ein Tabu
ein Film von Heike Mundzeck. auf arte, ZDF, 3sat.
Annette und Rüdiger Nehbergs historischer Erfolg mit dem Islam gegen den »größten Bürgerkrieg aller Zeiten«. Die Gesellschaft gegen die Frauen, seit 5000 Jahren, mit immer noch 6000 Opfern pro Tag (UNO)!
Zu beziehen von UC-TV, thomas.reinecke@t-online.de

Abenteuer vor der Haustür, ZDF
20 Folgen à vier Minuten, Survivaltricks mit Jugendlichen
Vertrieb: Edgar.foertsch@komplett-media.de;
ISBN 3-8312-8806-2

»*Überleben 1*«
Drei ZDF-TV-Filme auf einer DVD;
* Überleben im Urwald
Nehbergs erster Besuch bei den Yanomami-Indianern in Brasilien, die von einer Armee von Goldsuchern massiv in ihrer Existenz bedroht wurden. Ein ZDF-Film von Ulrich Krafzik.
* Goldrausch in Amazonien
Rüdiger Nehberg und Wolfgang Brög mit versteckter Kamera undercover als Goldsucher im Yanomami-Land. Brögs Film, der internationale Hilfe auslöste und die Wende zugunsten der Yanomami-Indianer einleitete.
* Atlantikfahrt im Tannenbaum
Nehbergs Fahrt mit massiver Tanne über den Atlantik. Eine Störaktion der 500-Jahresfeier Brasiliens.
Vertrieb: Edgar.foertsch@komplett-media.de;
ISBN 3-8312-9354-6

»*Überleben 2*«
Zwei ZDF-Filme auf einer DVD
Der Deutschlandmarsch. Ohne Nahrung von Hamburg nach Oberstdorf. Survival pur. Gebrauchsanweisung für das Abenteuer vor der Haustür.
Das Sperrmüllfloß
Mit zwei-etagigem Floß aus Sperrmüll, sechs Jugendlichen, Ziege, Hund und Hühnern die Elbe abwärts von der DDR-Grenze bis zur Nordsee.
Vertrieb: edgar.foertsch@komplett-media.de;
ISBN 3-8312-9352-X

»*Überleben 3*«
Zwei ZDF-Filme auf einer DVD
Im Tretboot nach Brasilien
Nehbergs erste Atlantiküberquerung mit aberwitzigem Fahrzeug, um einen internationalen Appell an den brasilianischen Staatspräsidenten weltweit ins Gespräch zu bringen. Eine Aktion zugunsten der bedrohten Yanomami-Indianer.
Die Wüste des Todes
Nehbergs Survival-Wettmarsch »gegen« einen Ureinwohner Australiens und einen US-Ultra-Marathonläufer. 700 Kilometer, jeder für sich, durch Australiens Outback.
Vertrieb: edgar.foertsch@komplett-media.de;
ISBN 3-8312-9353-8

Flussfahrt ins Ungewisse
Die Befahrung des Omo-Flusses in Äthiopien.
Ein Stück phantastischen und abenteuerlichen Afrikas.
Vertrieb Wolfgang Brög, mail@irisfilm.de

Durchs Höllenloch der Schöpfung
Die Durchquerung der heißesten Wüste der Erde.
Ein Film von Klaus Denart
Vertrieb: Wolfgang Brög, mail@irisfilm.de

Das Geheimnis des Tatunca Nara
Die Enttarnung des angeblichen »Indianerhäuptlings« vom Rio Negro, eine unglaubliche Kriminalgeschichte um mehrere Morde im brasilianischen Regenwald.
Vertrieb: Wolfgang Brög, mail@irisfilm.de

Die aktuellsten Informationen zu den Aktionen von Rüdiger Nehberg finden Sie unter **www.target-human-rights.com**

Mitmachen als TARGET-Förderer?

> Erfolg steigt erst dann zu Kopfe,
> wenn der nötige Hohlraum vorhanden ist.
> *Karl Kraus*

Wer unsere Arbeitsweise im Kampf gegen das Verbrechen der Weiblichen Genitalverstümmelung mit dem Islam als Partner und dem Koran als »Waffe« unterstützenswert findet, ist herzlich eingeladen mitzumachen.

Insbesondere ist uns unser Förder-Kreis wichtig. Der Mindestbeitrag ist mit 15 Euro im Jahr gering gehalten. Damit auch schon junge Menschen sich engagieren können.

Wer möchte und kann, mag gern mehr geben.

Aber natürlich ist jede Spende immer willkommen.

Alle Informationen, Spendenmöglichkeiten und Formulare finden Sie auf unserer Homepage:

www.target-human-rights.com

Sie können uns auch mit Ihrem Fachwissen unterstützen.
    Oder mit besonderen Spender-Aktionen.
    Beispiele dafür finden Sie auf unserer Homepage.

Kontakt:

TARGET e.V.
Poststr. 11
22946 Trittau
Tel. 0049-(0)4154-794 888
Fax 0049-(0)4154-794 889

Oder in Rausdorf:
Tel. 0049-(0)4154-99 99 40

E-Mail: info@target-nehberg.de
Homepage: www.target-nehberg.de

Konto Deutschland:
Sparkasse Holstein, Empfänger TARGET,
Kto.-Nr. 50.500, BLZ 213 522 40

Konto Schweiz:
Postfinance, Empfänger TARGET, 40-622117-1

Achtung: Wenn Sie eine Spendenbescheinigung wünschen, denken Sie bitte daran, uns Ihre Anschrift mitzuteilen.

Danke für jede Spende!

MALIK

Rüdiger Nehberg und Annette Weber
Karawane der Hoffnung

Mit dem Islam gegen den Schmerz und das Schweigen.
384 Seiten mit 24 Seiten Farbbildteil. Gebunden

Weibliche Genitalverstümmelung ein Verbrechen, das jede Vorstellungskraft sprengt. Die zwei Deutschen Rüdiger Nehberg und Annette Weber gründen ihre eigene Menschenrechtsorganisation, TARGET und die Pro-Islamische Allianz. Nehberg kennt den Islam von vielen Reisen und schuldet ihm Dank. Er setzt eine »Karawane der Hoffnung« in Gang; das Unfaßbare geschieht: Sultane, Großsheikhs und Minister öffnen den beiden Türen und Herzen, gestatten Konferenzen, erringen Stammesbeschlüsse, erklären den Brauch zur Sünde und für unvereinbar mit der Ethik des Islam. Der Großsheikh von Mauretanien läßt Rüdiger Nehberg seine Fatwa mit Kamelen in die Wüste zu den Nomaden tragen; der Großmufti von Al-Azhar übernimmt die Schirmherrschaft. Und Nehbergs Vision, die Verkündung der Unvereinbarkeitsthese in Mekka, wird immer wahrscheinlicher. Doch die Karawane ist erst dann am Ziel, wenn auch das letzte Mädchen nicht mehr grausam verstümmelt wird.

MALIK

Rüdiger Nehberg
Die Autobiographie

368 Seiten mit zahlreichen Fotos. Gebunden

Auf Wanderschaft gehen, seine Grenzen ausloten – das ist es, was Rüdiger Nehberg von Anfang an will: Als Frühchen drängelt er sich im Mai 1935 vorzeitig in die Welt, und kurz vor Kriegsausbruch büchst er aus: in den Teutoburger Wald, wo der Vierjährige seine erste Nacht im Freien verbringt und, lange bevor man das so nennt, Survival-Erfahrungen sammelt. Typisch für ein Leben, das unkonventioneller nicht laufen könnte. Seit den 1970ern macht Rüdiger Nehberg als Würmerfresser ebenso von sich reden wie mit seinem Kampf für die Yanomami oder gegen weibliche Genitalverstümmelung. Ehrlich und pointenreich schreibt er von seiner Jugend in einem gutbürgerlichen Bankerhaushalt und den ersten abenteuerlichen Reisen, vom Leben als Konditor, Ehemann und Familienvater, von Gewissenskonflikten, islamischer Gastfreundschaft, Risiken und persönlichen Verlusten, Pleiten, Zielen und Erfolgen.

MALIK

Rüdiger Nehberg
Voll peinlich!

Erlebte Geschichten. 288 Seiten mit s/w-Cartoons von Kim Schmidt. Gebunden

Gewagte Survival-Aktionen, sein humanitärer Einsatz für bedrohte Völker und gegen weibliche Genitalverstümmelung: so kennen ihn die Allermeisten. Dabei hat sich in Rüdiger Nehbergs Leben auch viel Komisches und Absurdes ereignet. Die kuriosesten Anekdoten aus fünf Jahrzehnten versammelt er in diesem Band – angefangen bei den dümmsten Pannen, die ihm auf seinem legendären Deutschlandmarsch passiert sind. Augenzwinkernd verrät er, warum er im Urwald immer eine Zweithose dabei hat. Wie ein einzelner Finger zum gefragten Partymitbringsel wurde. Worauf er sich nach viereinhalb Monaten Danakilwüste am meisten freute. Was er in Hamburg als junger Untermieter erlebte und wie er mit den Tücken der Schwerhörigkeit fertig wird. Und wie er einmal Stefan Raab kurzerhand zur Moorleiche machte.

PIPER

Rüdiger Nehberg
Echt verrückt!

Erlebte Geschichten. 270 Seiten mit 17 Cartoons von
Kim Schmidt und zahlreichen Fotos. Piper Taschenbuch

Spektakuläre Survival-Aktionen und sein Engagement für die
Yanomami-Indianer: Damit ist Rüdiger Nehberg berühmt
geworden. In seinem ungewöhnlichen Leben am Limit sind
aber auch unzählige witzige und schaurige Episoden passiert, mit denen Rüdiger Nehberg das Publikum bei seinen
Vorträgen zum Lachen, Gruseln und Staunen bringt und
die jetzt nachzulesen sind – Begegnungen der skurrilen Art
und witzige Anekdoten wie das erste Rendezvous mit pein-
lichen Folgen als junger Bäckerlehrling, der Ringkampf mit
einer Felsenpython nur so zum Spaß, der Unterhosenkauf
mit dem Scheich oder die Nil-Reise in einem Sarg. Und
wenn Nehberg beim 1000-km-Marsch durch Deutschland
vor lauter Hunger einer Ringelnatter ihre Beute abluchst,
bekommt auch »Nouvelle Cuisine« eine ganz neue Bedeutung ...

PIPER

Rüdiger Nehberg bei Piper:

Überleben in der Wüste Danakil
335 Seiten mit 34 Farbfotos und einer Karte.
Piper Taschenbuch

Survival-Lexikon
368 Seiten mit zahlreichen Abbildungen von Julia Klaustermeyer. Piper Taschenbuch

Medizin-Survival
Überleben ohne Arzt. 268 Seiten mit zahlreichen Abbildungen. Piper Taschenbuch

Survival-Abenteuer vor der Haustür
296 Seiten mit 116 Illustrationen von Marian Kamensky.
Piper Taschenbuch

Die Yanomami-Indianer
Rettung für ein Volk – meine wichtigsten Expeditionen.
413 Seiten mit einem farbigen Bildteil und einer Karte.
Piper Taschenbuch

Mit dem Baum über den Atlantik
THE TREE und andere Abenteuer. 240 Seiten mit 67 Farbfotos und 3 Karten. Piper Taschenbuch